国家社会科学基金重大项目（17ZDA046）研究成果
国家社会科学基金一般项目（18BJL114）研究成果
湖南科技大学学术著作出版资助

中国与"一带一路"国家间产业转移的共生机理与模式创新研究

刘莉君 刘友金 ◎ 著

中国财经出版传媒集团

经济科学出版社

Economic Science Press

图书在版编目（CIP）数据

中国与"一带一路"国家间产业转移的共生机理与模
式创新研究／刘莉君，刘友金著．-- 北京：经济科学
出版社，2022. 12
ISBN 978 - 7 - 5218 - 4500 - 6

Ⅰ.①中…　Ⅱ.①刘…②刘…　Ⅲ.①"一带一路"
- 国际合作 - 产业转移 - 研究　Ⅳ.①F269.1

中国国家版本馆 CIP 数据核字（2023）第 014181 号

责任编辑：张　燕
责任校对：孙　晨
责任印制：邱　天

中国与"一带一路"国家间产业转移的共生机理与模式创新研究
刘莉君　刘友金　著
经济科学出版社出版、发行　新华书店经销
社址：北京市海淀区阜成路甲 28 号　邮编：100142
总编部电话：010 - 88191217　发行部电话：010 - 88191522
网址：www. esp. com. cn
电子邮箱：esp@ esp. com. cn
天猫网店：经济科学出版社旗舰店
网址：http://jjkxcbs. tmall. com
固安华明印业有限公司印装
880 × 1230　32 开　9.625 印张　200000 字
2022 年 12 月第 1 版　2022 年 12 月第 1 次印刷
ISBN 978 - 7 - 5218 - 4500 - 6　定价：68.00 元
（图书出现印装问题，本社负责调换。电话：010 - 88191510）
（版权所有　侵权必究　打击盗版　举报热线：010 - 88191661
QQ：2242791300　营销中心电话：010 - 88191537
电子邮箱：dbts@ esp. com. cn）

序　言

　　推进中国与"一带一路"国家间产业转移是共建"一带一路"的题中之义，而如何选择和创新产业转移模式是学术界关注的热点议题。与以往发达国家从自身利益出发，为淘汰落后产能或为获取低成本要素资源进行全球布局的产业转移不同，中国推进与"一带一路"国家间的产业转移倡导"共商、共建、共享"原则，主张构建合作共赢的新型伙伴关系和人类命运共同体。很显然，中国与"一带一路"国家间的产业转移不能照抄照搬传统的产业转移模式，要结合发达国家以往产业转移的经验与教训，在把握中国与"一带一路"国家间产业转移共生机理的基础上进行模式创新。在此背景下，刘莉君教授在参与其导师刘友金教授承担的国家社会科学基金重大项目过程中，成功申报了国家社会科学基金一般项目"中国与'一带一路'国家间产业转移的共生机理与模式创新研究"，如期结项，并且受到好评，本书正是该项目研究的集体成果。

　　通过研究，作者着重解析了中国与"一带一路"国家间产业共生关系及其对产业转移的影响，构建了国际产业转移的共生理论分析框架，探讨了中国与"一带一路"国家间产业转移的共生机理，分析了传统产业转移模式在中国与"一带一路"国家间产业转移中的局限性，以工程机械装备制造业为例剖析了中国与"一带一路"国家间产业转移的模式选择与创新，实证检验了影响中国与"一带一路"国家间产业转移共生发展的主要因素并提出了相应的政策建议。

与以往许多学者以竞争理论为基石研究国际产业转移的视角不同，作者以共生理论为理论依据，从构建合作共赢的新型国际伙伴关系出发，揭示中国与"一带一路"国家间产业共生基本规律，并基于互惠共生目标探索中国与"一带一路"国家间产业转移的新模式。

作者指出，不同的产业共生关系下产业转出单元与产业承接单元在能量状态、独立性、地位、收益分配、演进过程、共生动力等方面均存在显著差异，会带来产业转移模式选择的差异。在寄生型产业共生模式向对称互惠共生模式演进的过程中，产业转出单元与产业承接单元的共生动力逐步由被迫依存向互为激励的稳态共生演变。当共生利益非均等分配时，产业共生联盟体现为非互惠共生产业转移模式；当发展到共生利益均等分配时，产业共生联盟则表现为互惠共生产业转移模式。互惠共生是产业共生的高级阶段，互惠共生产业转移模式是一种理想模式，是共建"一带一路"产业合作的目标追求。

作者认为，互惠共生产业转移模式是推进中国与"一带一路"国家间产业转移的有效模式。因为，在互惠共生产业转移模式下，就出发点而言，将会最大限度地寻找产业链合作的战略利益契合点，推动产能合作；就竞合关系而言，中国与"一带一路"国家间产业转移并非是零和博弈，而是秉承"共商、共建、共享"原则打造合作共赢的新型伙伴关系，可以跳出"修昔底德陷阱"；就实现方式而言，将有利于充分发挥"一带一路"国家的比较优势，通过资源和价值链的跨区域重组，实现共生共荣。

在"一带一路"倡议提出十周年即将到来之际，我很欣喜地看到学者们展开相关专题研究并取得有探索性的成果。值得一提的是，作者通过项目研究，产出了一系列较高水平的科研成果，培养了若干名优秀的研究生，得到了评审专家的高度认可，对于青年学者而言实属弥足珍贵。本书理论视角独特，内容体系完整，研究方法可行，我相信对于推动共建"一带一路"高质量发展具有可参考的理论价值和应用价值。

中国社科院学部委员　吕政研究员

目　　录

第一章 绪 论

　　描述问题提出的研究背景、确定研究范围、明确研究思路是展开研究的起点。本章将主要讨论以下四个方面的内容：（1）分析研究的背景意义及提出问题；（2）梳理国内外研究现状；（3）阐明研究的主要内容与核心观点；（4）分析研究的可能创新与不足。

第一节　研究背景与意义

一、研究背景

　　2013 年 9 月和 10 月，习近平主席出访哈萨克斯坦和印度尼西亚两国时先后提出共建"丝绸之路经济带"和"21 世纪海上丝绸之路"，简称"一带一路"倡议。共建

"一带一路"倡议提出以来得到了多个国家和国际组织的积极响应，受到国际社会的广泛关注，影响力日益扩大。截至 2022 年 12 月，中国已与 151 个国家和 32 个国际组织签署了 200 余份共建"一带一路"合作文件，"政策沟通、设施联通、贸易畅通、资金融通、民心相通"的五通建设取得了长足发展。当然，"一带一路"国家经济发展水平参差不齐，并处于不同的工业化阶段，形成了不同的优势产业类型和产业梯度。推进中国与"一带一路"国家间产业转移是实现沿线国家优势互补、资源共享、合作共赢的重要途径。

从"一带一路"共商、共建、共享的建设原则可知，与以往更强调竞争思维与自身利益的国际产业转移不同，中国与"一带一路"国家间产业转移强调共生思维与利益共享。中国与"一带一路"国家间的产业共生发展既是由沿线各国现实发展格局所决定，更是构建人类命运共同体的共同内在需求。这种区别使然，传统产业转移模式难以完全适用于中国与"一带一路"国家间产业转移。中国与"一带一路"国家间的产业转移不能照抄照搬传统的产业转移模式，要结合发达国家以往产业转移的经验与教训，针对中国与"一带一路"国家间的产业转移做系统的理论研究，根据新的形势和环境作出新的分析和判断。正如，习近平总书记在不同场合多次深刻阐明："中国不会重复地缘博弈的老套路,将开创合作共赢的新模式。"① 因此,从共生视角探索中国与"一带一路"国家间产业转移新模式是当前迫切需要研究的一个重要命题。

二、研究意义

通过研究,从理论上,着重解析中国与"一带一路"国家间产业共生关系及其对产业转移的影响,构建国际产业转移的共生理论分析框架,深入探讨中国与"一带一路"国家间产业转移的共生机理,对于丰富国际经济合作内涵、拓展国际产业转移理论具有重要的理论价值。

从实践上,运用博弈模型判别传统产业转移模式在中国与"一带一路"国家间产业转移中的适用性和合理性,并以工程机械装备制造业为例剖析中国与"一带一路"国家间产业转移的模式选择与创新,再实证检验影响中国与"一带一路"国家间产业转移共生发展的主要因素且提出相应的政策建议,对于推动共建"一带一路"高质量发展具有重要的应用价值。

---

① "一带一路":人类命运共同体的公共性实践 [N]. 新华日报,2021 - 12 - 21.

第二节　国内外研究现状

本书研究中，着重讨论并解答了以下问题：中国与"一带一路"国家间的产业共生关系是怎样的状况与水平？中国与"一带一路"国家间产业转移的共生机理是怎样的？在互惠共生目标下，如何选择与创新中国与"一带一路"国家间产业转移模式？影响中国与"一带一路"国家间产业转移的主要因素有哪些？政策上怎样做到有序引导？循着研究脉络，梳理文献资料，国内外相关研究及其进展主要体现在以下方面。

一、关于产业共生的研究

共生概念起源于生物科学领域，由德国生物学家德贝里（Anton de Bary）于 1879 年首次提出，是彼此紧密关联的生物单元之间相互作用的过程，并且会在进化和发展中逐步搭建及呈现出具有特征差异的共生模式[1]，后经维尔玛等

---

[1] Bary A. D. Die Erscheinung der Symbiose [M]. Verlag von Karl J. Trubner, 1879.

（Verma et al.，1984）①、帕拉塞尔等（Paracer et al.，1988）② 对共生理论的不断发展与完善，由此共生的概念不再专属于生物学范畴，在社会科学领域也被广泛研究及应用。关于产业共生成因方面，以查尔图（Chertow，2000）③为代表的部分学者指出合作协同以及地理毗邻等是形成产业共生的必然因素；希雷斯等（Heeres et al.，2004）④ 基于多个案例分析讨论了管理系统在产业共生中的作用；卡西尼斯（Kassinis，1997）⑤、诺埃尔等（Noel et al.，2008）⑥ 提出产业共生的重要成因之一在于企业间试图通过优化资源配置获取经济绩效。

我国学者受国外学者关于共生理论相关研究的启发，意识到生物圈中物竞天择和适者生存等现象与市场经济规律高度契合，也逐步将共生理论引入经济学和管理学等社会科学

① Verma D. S. , Nadler K. Legume-Rhizobium-Symbiosis：Host's Point of View［M］. Genes Involved in Microbe-Plant Interactions. Springer Vienna, 1984.

② Paracer S. , Ahmadjian V. Symbiosis：An Introduction to Biological Associations［J］. Bryologist, 1988, 89（4）：461 – 471.

③ Chertow M. R. Industrial Symbiosis：Literature and Taxonomy［J］. Annual Review of Energy & the Environment, 2000（25）：313 – 337.

④ Heeres R. R. , Vermeulen W. J. , de Walle F. B. Eco-industrial Park Initiatives in the USA and the Netherlands：First Lessons［J］. Journal of Cleaner Production, 2004, 12（8）：985 – 995.

⑤ Kassinis G. I. Industrial Reorganization and Inter-firm Networking in Search of Environmental Co-location Economies［D］. Princeton：Princeton University, 1997.

⑥ Noel B. J. Industrial Symbiosis in Kalundborg, Denmark：A Quantitative Assessment of Economic and Environmental Aspects［J］. Journal of Industrial Ecology, 2008（2）：239 – 255.

范畴的研究。袁纯清（1998）[1] 是我国较早展开产业共生领域相关研究的学者之一，为国内学者就该领域进行后续深入研究起到了里程碑式的作用，随后诸多学者在其研究基础上做了拓展性的思考并取得了丰硕成果（朱娜娜等，2017[2]；鲁圣鹏等，2018[3]；康佳妮，2019[4]；曹馨等，2020[5]；周也和万志芳，2020[6]；刘友金等，2021[7]）。共生理论应用领域极其广泛，部分学者将其研究延伸至国际产能合作领域（杨水利等，2018[8]；王飞，2020[9]；聂飞，2020[10]；王兵等，

---

① 袁纯清. 共生理论及其对小型经济的应用研究（上）[J]. 改革，1998（2）：100 – 104.

② 朱娜娜，赵红岩，谢敏. 基于 Logistic 模型的生态产业链中企业共生合作模型及稳定性研究 [J]. 西南民族大学学报（人文社科版），2017，38（9）：124 – 129.

③ 鲁圣鹏，李雪芹，刘光富. 生态工业园区产业共生网络形成影响因素实证研究 [J]. 科技管理研究，2018，38（8）：194 – 200.

④ 康佳妮. 共生视域下中国与"一带一路"国家间产业合作研究 [J]. 环渤海经济瞭望，2019（9）：83 – 84.

⑤ 曹馨，张怀荣，陈庆华等. 产业共生推进节能减排协同管理的不确定性分析 [J]. 福建师范大学学报（自然科学版），2020，36（2）：1 – 11，37.

⑥ 周也，万志芳. 黑龙江省国有林区林业产业链产业共生关系研究 [J]. 林业经济问题，2020，40（2）：216 – 224.

⑦ 刘友金，周健，杨淇番. 产业共生、梯度差异与中国向"一带一路"国家产业转移 [J]. 湖南财政经济学院学报，2021，37（3）：5 – 13.

⑧ 杨水利，叶妍，吕祥. 我国与南亚制造业产能合作共生关系研究 [J]. 未来与发展，2018，42（5）：35 – 39.

⑨ 王飞. "一带一路"背景下的中拉产能合作：理论基础与潜力分析 [J]. 太平洋学报，2020，28（2）：66 – 78.

⑩ 聂飞. 中国对外直接投资推动了制造业服务化吗？——基于国际产能合作视角的实证研究 [J]. 世界经济研究，2020（8）：86 – 100，137.

2021①；蔡勇志和黄茂兴，2021②）；部分学者将其研究融合至区域联动发展领域（韩娅和陆林，2014③；周盈和王丽娜，2018④；欧定余和彭思倩，2019⑤；孙淼，2021⑥）；部分学者将其研究拓展至企业运作管理领域（李灿，2010⑦；陈茜和田治威，2017⑧；丁玲和吴金希，2017⑨；刘淑春等，2021⑩）；部分学者将其研究融入产业链条耦合领域（连远强，2015⑪；史宝娟和郑祖婷，2017⑫；李肖钢和

① 王兵，李雪，吴福象. "一带一路"倡议下的国际产能合作与世界经贸格局重塑 [J]. 海南大学学报（人文社会科学版），2021，39（2）：96-106.

② 蔡勇志，黄茂兴. "一带一路"倡议下深化与南太平洋岛国经贸合作——以福建为例 [J]. 福建论坛（人文社会科学版），2021（1）：185-196.

③ 韩娅，陆林. 基于共生理论的环巢湖游憩带城湖联动发展研究 [J]. 安徽师范大学学报（自然科学版），2014，37（4）：383-388.

④ 周盈，王丽娜. 基于共生理论的商贸流通与区域经济协同发展关系研究 [J]. 商业经济研究，2018（24）：128-130.

⑤ 欧定余，彭思倩. 逆全球化背景下东亚区域经济共生发展研究 [J]. 东北亚论坛，2019，28（4）：59-70，128.

⑥ 孙淼. 物流业集聚与我国区域经济协同共生关系分析——基于非线性视角 [J]. 商业经济研究，2021（1）：102-105.

⑦ 李灿. 论企业绩效评价系统优化——基于共生理论的思考 [J]. 中南财经政法大学学报，2010（6）：120-125.

⑧ 陈茜，田治威. 共生理论视角下创新区内企业绩效评估与审计 [J]. 河南社会科学，2017，25（8）：99-106.

⑨ 丁玲，吴金希. 核心企业与商业生态系统的案例研究：互利共生与捕食共生战略 [J]. 管理评论，2017，29（7）：244-257.

⑩ 刘淑春，闫津臣，张思雪，林汉川. 企业管理数字化变革能提升投入产出效率吗 [J]. 管理世界，2021，37（5）：13，170-190.

⑪ 连远强. 产业链耦合视角下创新联盟的共生演化问题研究 [J]. 科学管理研究，2015，F33（5）：29-33.

⑫ 史宝娟，郑祖婷. 京津冀生态产业链共生耦合机制构建研究 [J]. 现代财经（天津财经大学学报），2017，37（11）：3-13.

王琦峰，2018①；刘莉君和刘友金，2019②；龚燕秋和张军，2020③）；部分学者将其研究应用于产业协同领域（王如忠和郭澄澄，2017④；王剑华等，2017⑤；郑丽和胡龙波，2018⑥；马永强等，2021⑦）；部分学者将其研究拓展至产业集聚领域（张洪潮和李秀林，2013⑧；戴一鑫等，2019⑨；江瑶等，2020⑩；贺灿飞等，2021⑪）。例如，周碧华等（2011）⑫围绕海峡西岸经济区的发展状况，探讨了该地区在

① 李肖钢，王琦峰. 基于公共海外仓的跨境电商物流产业链共生耦合模式与机制 [J]. 中国流通经济，2018，32（9）：41–48.

② 刘莉君，刘友金. 产业转移与土地利用的耦合作用机理及协调度评价——以环长株潭城市群为例 [J]. 财经理论与实践，2019，40（4）：137–144.

③ 龚燕秋，张军. 中欧班列耦合共生模式及机制探究 [J]. 铁道运输与经济，2020，42（11）：51–56.

④ 王如忠，郭澄澄. 基于共生理论的我国产业协同发展研究——以上海二、三产业协同发展为例 [J]. 产业经济评论，2017（5）：44–54.

⑤ 王剑华，马军伟，洪群联. 促进战略性新兴产业与金融业共生发展 [J]. 宏观经济管理，2017（4）：24–28.

⑥ 郑丽，胡龙波. 中国能源产业与金融业共生演化研究 [J]. 西安财经学院学报，2018，31（4）：44–50.

⑦ 马永强，谢静欣，梅冬，陈佑成. 基于协同—共生视角的茶产业生态圈协调发展实证分析 [J]. 农业资源与环境学报，2021，38（2）：344–354.

⑧ 张洪潮，李秀林. 煤炭产业集群内互利共生企业间利益均衡研究——基于种群生态学 [J]. 地域研究与开发，2013，32（2）：27–30，83.

⑨ 戴一鑫，李杏，晁先锋. 产业集聚协同效度如何影响企业创新——"地理、技术、组织"共生演化的视角 [J]. 当代财经，2019（4）：96–109.

⑩ 江瑶，高长春，陈旭. 创意产业空间集聚形成：知识溢出与互利共生 [J]. 科研管理，2020，41（3）：119–129.

⑪ 贺灿飞，任卓然，叶雅玲. 中国产业地理集聚与区域出口经济复杂度 [J]. 地理研究，2021，40（8）：2119–2140.

⑫ 周碧华，刘涛雄，张赫. 我国区域产业共生演化研究 [J]. 当代经济研究，2011（3）：68–72.

产业发展和共生衍变过程中所面临的主要难题，并针对性地提出推进共生网络健康发展的对策。石磊（2012）① 选取具有代表性的五个国家为研究对象，系统概括其产业共生发展模式，对我国搭建具有本国特色的产业共生模式具有重要启示。刘友金等（2012）② 构建了 DLSN 模型，系统分析了产业集群式转移过程，并将其与自然界中的共生迁移历程进行对照和比较，阐明了产业转移过程中的共生演化特征及基本规律。张洪和梁松（2015）③ 阐述了中哈双边产能合作的发展过程，并且结合共生理论就此过程所出现的组织模式、行为模式及发展趋势进行了总结，为优化国际产业合作模式提供重要启示。孙畅（2017）④ 基于产业共生水平评价模型，探讨了我国区域经济产业共生的发展态势，并为打造产业共生环境、促进区域经济协同发展提供有效指引。袁省之等（2020）⑤ 利用演化博弈方法研究了不同假定条件下处于不同产业链条位置的共生主体基于动态博弈演化所选择的共生模式。在梳理文献的过程中还发现，

---

① 石磊，刘果果，郭思平. 中国产业共生发展模式的国际比较及对策 ［J］. 生态学报，2012，32（12）：3950 - 3957.

② 刘友金，袁祖凤，周静，姜江. 共生理论视角下产业集群式转移演进过程机理研究 ［J］. 中国软科学，2012（8）：119 - 129.

③ 张洪，梁松. 共生理论视角下国际产能合作的模式探析与机制构建——以中哈产能合作为例 ［J］. 宏观经济研究，2015（12）：121 - 128.

④ 孙畅. 产业共生视角下产业结构升级的空间效应分析 ［J］. 宏观经济研究，2017（7）：114 - 127.

⑤ 袁省之，唐旭，王睿智等. 基于演化博弈的上下游企业产业共生形成模式选择 ［J］. 科技管理研究，2020，40（2）：141 - 153.

不同学者对产业共生模式的界定存在分歧，有的学者认同以偏利共生和偏害共生等作为分类标准进行概念界定（郭莉，2005①；孙源，2017②；周也，2020③），有的学者认同以竞争共生和无关共生等为分类标准进行概念界定（张怀志和武友德，2016④；张海锋和张卓，2018⑤），有的学者认同以寄生、偏利、互惠共生等为分类标准进行概念界定（蒋露薇和冯艳飞，2019⑥；范树平等，2020⑦；李国和孙庆祝，2021⑧）。

二、关于国际产业转移及其模式的研究

自 20 世纪 30 年代起，国外学者开始展开关于国际产业

---

① 郭莉. 工业共生进化及其技术动因研究 [D]. 大连：大连理工大学，2005.

② 孙源. 共生视角下产业创新生态系统研究 [J]. 河南师范大学学报（哲学社会科学版），2017，44（1）：127 – 134.

③ 周也，万志芳. 黑龙江省国有林区林业产业链产业共生关系研究 [J]. 林业经济问题，2020，40（2）：216 – 224.

④ 张怀志，武友德. 城市共生及协同演化研究——以滇中城市群为例 [J]. 资源开发与市场，2016，32（9）：1078 – 1082.

⑤ 张海锋，张卓. 企业可持续发展中的创新力与控制力协调——基于共生理论的视角 [J]. 科技管理研究，2018，38（19）：117 – 122.

⑥ 江露薇，冯艳飞. 长江经济带城市间装备制造业的共生模式研究 [J]. 财会月刊，2019（24）：128 – 133.

⑦ 范树平，刘友兆，程久苗，於冉，严静. 新时代土地利用与产业发展：框架构建、作用机理及优化路径——基于共生理论视域 [J]. 湖北师范大学学报（哲学社会科学版），2020，40（1）：58 – 64.

⑧ 李国，孙庆祝. 国家体育产业示范基地体育用品制造业与服务业共生行为模式分析——以苏南国家体育产业示范基地为例 [J]. 北京体育大学学报，2021，44（8）：42 – 53.

转移的相关研究，并取得了丰富的研究成果。关于产业转移的规律，日本经济学家赤松要（Akamatsu，1961）[①] 在研究经济增长时发现，处于高产业梯度的国家会将比较优势退化或者存在潜在退化风险的产业转移至低梯度的国家，解释了国际产业转移分工格局的演进过程，并提出"雁行模式"；弗农（Vernon，1966）[②] 基于产品从进入至退出市场所度过的完整发展阶段的观察，提出产品生命周期论，诠释了产品贸易流的空间动态过程和产业技术及产业链条高级化的调整过程；而后威尔斯和赫希哲（Louis T. Wells & Hirsch）对弗农的上述研究进行验证，提出产业梯度转移学说。关于产业转移的成因，刘易斯（Lewis，1915）[③] 提出，人口增长率过低是促使劳动密集型产业发生国际转移的重要因素；邓宁和约翰（Dunning & John，1988）[④] 主张国际产业转移的主要动因在于企业以经济效益最大化为考量所进行的对外扩张或跨国经营。关于产业转移的影响要素，国外学者们从多

[①] Akamatsu K. A Theory of Unbalanced Growth in the World Economy [J]. Weltwirtschaftliches Archiv, 1961, 86 (2): 196–217.

[②] Vernon R. International Investment and International Trade in the Product Cycle [J]. Quarterly Journal of Economics, 1966 (2): 190–207.

[③] 阿瑟·刘易斯著. 乔依德译. 国际经济秩序的演变 [M]. 北京：商务印书馆，1984.

[④] Dunning J. H. The Eclectic Paradigm of International Production: A Restatement and Some Possible Extensions [J]. Journal of International Business Studies, 1988, 19 (1): 1–31.

个角度展开探讨。例如，小岛清（Kojima，1973）[①]指出，比较成本是产业转移过程中投资主体必须斟酌的关键因素之一，因此企业应考虑从已经不具备或者即将不具备显著优势的产业着手有序推进产业转移。迪肯（Dicken，1992）[②]研究发现，一定限度内的生产规模扩张将有效提高企业利润，这种效应在汽车行业尤为明显，因而提出企业追求规模经济是产业转移的重要促进因素；普雷维什（Prebisch，1950）[③]则更加强调宏观政策或战略导向在产业转移过程中所发挥的作用。关于产业转移的效应，一方面，产业转移的实质在于依托比较优势实现经济增长，低经济梯度国家主动承接来自高经济梯度国家的产业空间转移，有利于产业承接国实现产业结构升级、改善进而摆脱经济发展相对落后的现状，同时高经济梯度国家也能通过产业转出调整本国产业结构，促使产业结构沿着符合经济发展需求的方向演进。由此可见，产业转移对于打破经济发展瓶颈、带动技术扩散、推进协调发展具有重要意义。另一方面，产业转移也可能发挥出负面效应，艾特肯等（Aitken et al.，

---

① Kojima K. Reorganization of North-South Trade: Japan's Foreign Economic Policy for the 1970's [J]. Hitotsubashi Journal of Economics, 1973, 13 (2): 1-28.

② Dicken P. Global Transfer: The Internationalization of Economic Activity [M]. Paul Chapman Publishing, 1992.

③ Prebisch R. The Economic Development of Latin America and Its Principal Problems [M]. United Nations Department of Economic Affairs Publishing, 1950.

1999)① 明确指出，国际产业转移会对企业生产效率产生消极作用。

　　相比较，国内学者也从产业转移的内涵、动因、模式及效应等方面展开了相应研究。关于产业转移的内涵界定，就宏观层面而言，我国学者普遍认同产业转移是生产要素从某一地域流向另一地域从而实现空间迁徙的过程，体现为产业在地理空间的迁移，此外也可以依托网络虚拟空间实现迁移（陈刚和刘珊珊，2006②；崔莉和雷宏振，2018③；姜辉和周倚乐，2020④；叶玉瑶等，2021⑤）；就微观层面而言，一些学者提出企业作为市场经济的微观主体可以依托规模扩张、动态迁徙、对外投资、跨区域兼并等决策促进成长型产业（即仍具有发展潜力的产业）及衰退型产业（即处于或即将处于淘汰地位的产业）的空间移动（魏后凯，2013⑥）。然

---

　　① Aitken, Brian J. , Harrison, et al. Do Domestic Firms Benefit from Direct Foreign Investment? Evidence from Venezuela [J]. American Economic Review, 1999, 89 (3): 605 – 618.

　　② 陈刚，刘珊珊. 产业转移理论研究：现状与展望 [J]. 当代财经，2006 (10): 91 – 96.

　　③ 崔莉，雷宏振. 基于网络虚拟空间进行的产业转移内涵、机制与特征 [J]. 企业经济，2018, 37 (9): 118 – 124.

　　④ 姜辉，周倚乐，龙海明. 金融资源配置对产业结构优化的影响研究 [J]. 金融经济，2020 (10): 9 – 19, 28.

　　⑤ 叶玉瑶，张虹鸥，王洋等. 中国外向型经济区制造业空间重构的理论基础与科学议题 [J]. 世界地理研究，2021, 30 (2): 331 – 343.

　　⑥ 魏后凯. 产业转移的发展趋势及其对竞争力的影响 [J]. 福建论坛（经济社会版），2003 (4): 11 – 15.

　　而也有一些学者主张产业转移是企业基于预判和分析后所做出的理性行为，通过顺应区域间比较优势的变化，将丧失比较优势的产业进行空间迁移（王先庆，1997[①]；叶琪，2014[②]；于可慧，2018[③]；汪行东和贾荣，2020[④]），因此产业转移不包含成长型产业的空间迁移。

　　关于产业转移的动因分析，夏禹龙等（1983）[⑤] 基于对实际国情的分析，在研究中率先提出"梯度"这一概念，指出一个地区的产业与其所处技术梯度的不相符正是产业迁移的诱因；郦瞻等（2004）[⑥] 认为，区域间的产业结构梯度是产业转移的主要动因；易秋平和刘友金（2011）[⑦] 提出，企业发展需求与共生环境的切合是诱发产业转移的关键因素；李琴和朱农（2014）[⑧] 更强调产业转移过程中成本的比

　　① 王先庆. 跨世纪整合：粤港产业升级与产业转移 [J]. 商学论坛，广东商学院学报，1997（2）：31－36.
　　② 叶琪. 我国区域产业转移的态势与承接的竞争格局 [J]. 经济地理，2014，34（3）：91－97.
　　③ 于可慧. 京津冀产业转移效应研究 [D]. 北京：北京科技大学，2018.
　　④ 汪行东，贾荣. 承接地比较优势、竞争优势与产业转移——基于上海企业对外投资数据的实证研究 [J]. 投资研究，2020，39（1）：39－50.
　　⑤ 夏禹龙，刘吉，冯之浚等. 梯度理论和区域经济 [J]. 科学学与科学技术管理，1983（2）：5－6.
　　⑥ 郦瞻，谭福河，沈肖媛. 现阶段浙江省产业转移问题研究 [J]. 商业研究，2004（12）：109－111.
　　⑦ 易秋平，刘友金. 基于行为生态学视角的产业集群式转移动因研究——一个理论模型的构建与分析 [J]. 绿色科技，2011（9）：147－150.
　　⑧ 李琴，朱农. 产业转移背景下的农民工流动与工资差异分析 [J]. 中国农村经济，2014（10）：35－47.

较优势变更因素；郭扬和李金叶（2018）① 主张产业转移的主要动因在于产业转承双方能够共同获益；张建伟等（2018）② 则认为，政府的政策引导对产业梯度转移具有极大影响。

关于产业转移的模式选择，殷琪和薛伟贤（2017）③、汪晓文和李伟华（2019）④、李雯轩和李晓华（2021）⑤ 等学者着重研究了我国在国际领域推进产业空间转承过程的模式选择和演进过程等问题，并且就国际产业转移的发展方向和实践路径等方面提出建议；叶琪（2014）⑥、张友国（2020）⑦、刘莉君（2020）⑧ 等学者则重点探讨了我国境内领域促进产业空间转承的模式选择问题，并针对重塑区域产

① 郭扬，李金叶．后危机时代我国加工贸易梯度转移的动力因素研究［J］．国际商务研究，2018，39（4）：47 - 56．

② 张建伟，苗长虹，肖文杰．河南省承接产业转移区域差异及影响因素［J］．经济地理，2018，38（3）：106 - 112．

③ 殷琪，薛伟贤．中国在"一带一路"生产网络中产业转移模式研究［J］．经济问题探索，2017（3）：123 - 129．

④ 汪晓文，李伟华．"一带一路"背景下中国对中亚五国产业转移模式研究［J］．开发研究，2019（1）：86 - 91．

⑤ 李雯轩，李晓华．新发展格局下区域间产业转移与升级的路径研究——对"雁阵模式"的再探讨［J］．经济学家，2021（6）：81 - 90．

⑥ 叶琪．我国区域产业转移的模式比较与战略选择［J］．甘肃理论学刊，2014（3）：172 - 176．

⑦ 张友国．区域间产业转移模式与梯度优势重构——以长江经济带为例［J］．中国软科学，2020（3）：87 - 99．

⑧ 刘莉君，康佳妮，刘友金．基于偏离一份额法的长江经济带制造业发展类型演变特征与转/承态势分析［J］．重庆大学学报（社会科学版），2020，26（1）：31 - 44．

业布局和实现平衡发展等方面提出具体对策；此外，也有一些学者提出逆梯度的产业转移模式，认为经济发展相对滞后的地区也可以依托本土条件，激发潜在优势进而实现超越式发展（谭介辉，1998①；李俊强和刘昊凝，2016②；彭薇和熊科，2018③；马广程和许坚，2020④）。

关于产业转移的效应研究，我国学者普遍认可发生在区域或国家间的产业转移能够有力推动产业结构重置、促进产业空间布局调整和观念革新，因此产业转移可使转承双方通过有效提升自身竞争优势实现共赢（任莉，2017⑤；傅为忠和边之灵，2018⑥；方慧和赵胜立，2021⑦）。当然也有部分学者提出产业转移除了具有技术溢出效应、产业关联效应、扩大就业效应等正向效应，也有可能存在一些负向效应。例

---

① 谭介辉. 从被动接受到主动获取——论国际产业转移中我国产业发展战略的转变 [J]. 世界经济研究，1998（6）：65 – 68.
② 李俊强，刘昊凝. 京津冀产业结构升级一体化的可能性分析 [J]. 国家行政学院学报，2016（2）：112 – 116.
③ 彭薇，熊科. 全球价值链嵌入下"一带一路"国家产业转移研究——基于世界投入产出模型的测度 [J]. 国际商务（对外经济贸易大学学报），2018（3）：38 – 48.
④ 马广程，许坚. 消费升级、空间溢出与产业全要素生产率 [J]. 技术经济，2020，39（12）：9 – 15.
⑤ 任莉. 中国西部地区承接国际产业转移效应研究 [D]. 北京：中央财经大学，2017.
⑥ 傅为忠，边之灵. 区域承接产业转移工业绿色发展水平评价及政策效应研究——基于改进的 CRITIC – TOPSIS 和 PSM – DID 模型 [J]. 工业技术经济，2018，37（12）：106 – 114.
⑦ 方慧，赵胜立. "一带一路"倡议促进了中国产业结构升级吗？——基于285 个城市的双重差分检验 [J]. 产业经济研究，2021（1）：29 – 42.

如，我国学者胡立君等（2013）[①]、赵科翔（2016）[②]、杨丽丽等（2018）[③] 在其研究中都阐述过粗犷式国际产业转移所带来的产业空心化困境。秦炳涛和葛力铭（2018）[④]、刘嘉宾（2019）[⑤] 则指出，由于环境规制强度在不同地区存在差异，存在高污染高耗能型产业向管制低梯度地域迁移的现象，可能给产业承接区带来诸多环境问题。

三、关于中国与"一带一路"国家间产业转移及其模式的研究

自"一带一路"倡议提出以来，学者们围绕中国与"一带一路"国家产业转移的重要性、可行性等问题展开大量研究。一方面，对中国来说，现阶段生产能力在传统制造与建造方面具有比较优势，相关产业向"一带一路"国家转移，是形成产业互惠共生关系的重要契机（卢锋等，

---

① 胡立君，薛福根，王宇．后工业化阶段的产业空心化机理及治理——以日本和美国为例［J］．中国工业经济，2013（8）：122-134.
② 赵科翔，杨秀云，叶红．我国"产业空洞化"的特征、机理和化解路径［J］．经济纬，2016，33（6）：90-95.
③ 杨丽丽，盛斌，吕秀梅．OFDI的母国产业效应：产业升级抑或产业"空心化"——基于我国制造业行业面板数据的经验研究［J］．华东经济管理，2018，32（7）：93-101.
④ 秦炳涛，葛力铭．相对环境规制、高污染产业转移与污染集聚［J］．中国人口·资源与环境，2018，28（12）：52-62.
⑤ 刘嘉宾．产业转移对环境污染影响的实证研究［J］．经济师，2019（2）：26-28.

2015 [①]；安虎森等，2015[②]；蓝庆新等，2016[③]；金碚，2016[④]；杜德斌等，2017[⑤]；向勇和李尽沙，2020[⑥]）。另一方面，中国与"一带一路"国家在产业结构或贸易关系上存在显著的互补特点（韩永辉等，2015[⑦]；魏龙等，2016[⑧]；徐梁，2016[⑨]；钟飞腾，2016[⑩]；张会清等，2017[⑪]；刘莉君和张景琦，2019[⑫]；曾楚宏和王钊，2020[⑬]），是构建区域协

① 卢锋，李昕，李双双等. 为什么是中国？——"一带一路"的经济逻辑 [J]. 国际经济评论，2015（3）：4，9-34.

② 安虎森，肖欢. 我国区域经济理论形成与演进 [J]. 南京社会科学，2015（9）：23-30.

③ 蓝庆新，姜峰. "一带一路"与以中国为核心的国际价值链体系构建 [J]. 人文杂志，2016（5）：29-34.

④ 金碚. 论经济全球化3.0时代——兼论"一带一路"的互通观念 [J]. 中国工业经济，2016（1）：5-20.

⑤ 杜德斌，马亚华. "一带一路"——全球治理模式的新探索 [J]. 地理研究，2017，36（7）：1203-1209.

⑥ 向勇，李尽沙. 融合与共生："一带一路"文化产业合作发展指数研究 [J]. 深圳大学学报（人文社会科学版），2020，37（4）：56-65.

⑦ 韩永辉，罗晓斐，邹建华. 中国与西亚地区贸易合作的竞争性和互补性研究——以"一带一路"战略为背景 [J]. 世界经济研究，2015（3）：89-98，129.

⑧ 魏龙，王磊. 从嵌入全球价值链到主导区域价值链——"一带一路"战略的经济可行性分析 [J]. 国际贸易问题，2016（5）：104-115.

⑨ 徐梁. "一带一路"背景下动态比较优势增进研究 [D]. 杭州：浙江大学，2016.

⑩ 钟飞腾. "一带一路"建设中的产业转移：对象国和产业的甄别 [M]. 北京：社会科学文献出版社，2016.

⑪ 张会清，唐海燕. 中国与"一带一路"沿线地区的贸易联系问题研究——基于贸易强度指数模型的分析 [J]. 国际经贸探索，2017，33（3）：27-40.

⑫ 刘莉君，张景琦. "一带一路"背景下霍尔果斯口岸对外贸易发展：现状、困境及政策建议 [J]. 湖南工程学院学报（社会科学版），2019，29（4）：7-11.

⑬ 曾楚宏，王钊. 中国主导构建"一带一路"区域价值链的战略模式研究 [J]. 国际经贸探索，2020，36（6）：58-72.

调发展新机制和形成相互尊重、平等协商、开放包容、互惠共生、合作共赢区域经济合作新格局的关键动力（张辉，2015①；廖泽芳，2017②；刘清才等，2017③；宋长青等，2018④；李娜，2020⑤）。

随着"一带一路"国家间产业合作与转移的深入，学者们进一步从影响因素、实施路径、具体产业合作、风险防范等方面探究中国与沿线国家间产业共生关系。（1）影响因素方面，学者徐俊和李金叶（2019）⑥基于随机前沿引力模型和门槛回归模型，测度了影响我国与"一带一路"国家间贸易效率的各项因素，最终发现地理距离过远、文化差别过大仍旧是影响国际合作的重要因素。顾春太（2019）⑦从省际层面研究了我国与主要沿线国家在不同类型产品上的产业合作成效及影响因素。杨月元和黄智

① 张辉. 全球价值双环流架构下的"一带一路"战略 [J]. 经济科学，2015（3）：5-7.

② 廖泽芳，李婷，程云洁. 中国与"一带一路"国家贸易畅通障碍及潜力分析 [J]. 上海经济研究，2017（1）：77-85.

③ 刘清才，张伟. 中国"一带一路"建设与全球治理——区域经济合作的模式创新 [J]. 天津师范大学学报（社会科学版），2017（2）：59-65.

④ 宋长青，葛岳静，刘云刚等. 从地缘关系视角解析"一带一路"的行动路径 [J]. 地理研究，2018，37（1）：3-19.

⑤ 李娜. 全球化治理的中国实践方案："一带一路"发展成果研究 [J]. 河南社会科学，2020，28（8）：33-42.

⑥ 徐俊，李金叶. 我国与"一带一路"国家贸易效率及其门槛效应——基于随机前沿模型和面板门槛模型 [J]. 中国流通经济，2019，33（5）：22-29.

⑦ 顾春太. 我国对"一带一路"国家贸易合作的省际空间差异及其影响因素 [J]. 东岳论丛，2019，40（6）：75-86.

铭(2019)①阐述了中国和越南农产品贸易合作的现状,并基于 CMS 模型分析市场需求效应、市场结构效应和市场竞争力效应等对中越农产品贸易的影响。(2)实施路径方面,云倩(2019)②、赵晨光(2019)③、余晓钟和罗霞(2021)④等学者相继讨论了具体产业领域中我国与"一带一路"国家深化合作的实践路径。姚桂梅和许蔓(2019)⑤ 在中非合作现状分析的基础上探讨了中非共建"一带一路"进程中亟待解决的关键问题,对后续行动机制的建立和有关项目的落实提出具体对策。汤永川(2019)⑥ 研究了"一带一路"国家的优势产业和制造业合作情况,并就深化合作实现更高水平的国际贸易往来提出相关建议。张辉等(2019)⑦ 则提出中国与沿线国家产业结构差异为搭建"钻石模型"深化产业合作提供可能,也为实施路径选择提供了新思路。(3)具体

① 杨月元,黄智铭."一带一路"倡议下中越农产品贸易增长的影响因素研究——基于修正的 CMS 模型的分析 [J].世界农业,2019(8):4-10.

② 云倩."一带一路"倡议下中国—东盟金融合作的路径探析 [J].亚太经济,2019(5):32-40,150.

③ 赵晨光."一带一路"建设与中非合作:互构进程、合作路径及关注重点 [J].辽宁大学学报(哲学社会科学版),2019,47(5):145-154.

④ 余晓钟,罗霞."一带一路"能源共生合作:框架分析与推进路径 [J].甘肃社会科学,2021(2):198-206.

⑤ 姚桂梅,许蔓.中非合作与"一带一路"建设战略对接:现状与前景 [J].国际经济合作,2019(3):4-16.

⑥ 汤永川,潘云鹤,张雪等."一带一路"沿线六大经济走廊优势产业及制造业国际合作现状分析 [J].中国工程科学,2019,21(4):60-68.

⑦ 张辉,闫强明,唐毓璇."一带一路"相关国家产业结构高度及合作路径研究 [J].学习与探索,2019(1):75-83.

产业合作方面，石岚和王富忠（2018）①、于海龙和张振（2018）②、袁晓慧（2019）③、叶前林等（2021）④ 学者对我国与沿线国家农业合作的推进策略和发展方向进行了相应规划；王长建等（2018）⑤、许勤华和袁淼（2019）⑥、余晓钟等（2021）⑦ 等学者研究了我国与沿线国家能源合作的模式选择及发展路径；陈文玲和梅冠群（2016）⑧、刘潇潇（2016）⑨、陆华等（2018）⑩ 等学者讨论了我国与沿线国家物流产业的合作方向和发展思路；唐奇展和杨凤英（2018）⑪、

① 石岚，王富忠．"一带一路"视域下中国新疆与中亚国家农业合作［J］．新疆社会科学，2018（1）：59－64．

② 于海龙，张振．"一带一路"背景下我国农业对外合作的潜力、风险与对策研究［J］．经济问题，2018（2）：108－112，122．

③ 袁晓慧．"一带一路"国家农业援助的推进思路［J］．国际经济合作，2019（2）：118－124．

④ 叶前林，段良令，刘海玉等．"一带一路"倡议下中国海外农业投资合作的基础、成效、问题与对策［J］．国际贸易，2021（4）：82－88．

⑤ 王长建，张虹鸥，汪菲等．"一带一路"沿线东南亚国家能源发展的演变趋势及其未来展望［J］．科技管理研究，2018，38（16）：240－244．

⑥ 许勤华，袁淼．"一带一路"建设与中国能源国际合作［J］．现代国际关系，2019（4）：8－14．

⑦ 余晓钟，白龙，罗霞．"一带一路"绿色低碳化能源合作内涵、困境与路径［J］．亚太经济，2021（3）：17－24．

⑧ 陈文玲，梅冠群．"一带一路"物流体系的整体架构与建设方案［J］．经济纵横，2016（10）：19－26．

⑨ 刘潇潇．"一带一路"下加强现代物流服务体系建设的思考［J］．宏观经济管理，2016（12）：57－60．

⑩ 陆华，王晓平，王鑫宇．"一带一路"沿线物流枢纽网络体系建设研究［J］．宏观经济研究，2018（11）：94－101，138．

⑪ 唐奇展，杨凤英．"一带一路"背景下广西对接东盟文化产业合作路径探析［J］．广西大学学报（哲学社会科学版），2018，40（1）：113－118．

吕政宝和吴晓霞（2018）[①] 等学者就"一带一路"背景下文化产业合作的可行路径展开研究；闫红瑛（2017）[②]、邓光奇（2018）[③]、张江驰和谢朝武（2020）[④] 等学者探讨了"一带一路"视域下旅游产业的发展策略。（4）风险防范方面，孙彦波（2017）[⑤] 基于 WGI 评价体系和多元回归模型，探讨了中国与"一带一路"发展中国家以及发达国家在对外投资过程中存在的政治风险差异并提出了相应建议。陈继勇和李知睿（2018）[⑥] 着眼于中国与沿线国家间的直接投资，从地缘政治、政府干预、环境规制、市场准入、政局动荡等方面探究潜在风险，并从政府层面、企业层面、金融系统三个角度提出风险防范措施。阴医文等（2019）[⑦] 以我国与中亚五国产业合作演化特征分析为基础，阐述了我国与中亚合作

---

① 吕政宝，吴晓霞."一带一路"建设下中国—东盟文化创意产业融合发展研究［J］．广西社会科学，2018（5）：57－61．

② 闫红瑛."一带一路"战略背景下中国西藏与南亚相邻国家旅游合作与发展问题探析［J］．西藏民族大学学报（哲学社会科学版），2017，38（3）：125－130．

③ 邓光奇."一带一路"背景下新疆旅游产业发展研究［J］．西北民族研究，2018（1）：224－229．

④ 张江驰，谢朝武."一带一路"倡议下中国—东盟旅游产业合作：指向、结构与路径［J］．华侨大学学报（哲学社会科学版），2020（2）：25－34．

⑤ 孙彦波．中国投资在"一带一路"国家的区位分布及政治风险实证分析［J］．云南财经大学学报，2017，33（6）：123－131．

⑥ 陈继勇，李知睿．中国对"一带一路"国家直接投资的风险及其防范［J］．经济地理，2018，38（12）：10－15，24．

⑦ 阴医文，汪思源，付甜．"丝绸之路经济带"背景下中国对中亚直接投资：演进特征、政治风险与对策［J］．国际贸易，2019（6）：79－86．

过程中的潜在政治风险。刘莉君等（2019，2020）[1][2] 运用主成分分析法、变异系数法等方法从政治风险、经济风险、社会风险等角度构建综合评价指标体系，评估了中国企业参与"一带一路"建设的境外风险，并在此基础上提出了相应的风险防范措施。

与此同时，国外学者们也充分阐明了"一带一路"倡议对参与国经济增长的正向效应。例如，霍夫曼（Hofman，2015）[3] 明确指出，"一带一路"倡议辐射带动了亚洲乃至世界经济发展，使得参与国基础设施日益完善、人民生活水准和社会福利水准明显提高，此外，各参与国普遍扩大了对外投资合作。斯温（Swaine，2015）[4] 表示"一带一路"倡议有利于充分激发各参与国的潜能，使得欠发达地区同样有机会成为后起之秀。肯尼迪和帕克（Kennedy & Parker，2015）[5] 充分肯定了共建"一带一路"的成果，指出这样的发展规划并没有强调特定的政治立场，"一带一路"倡议的

---

① 刘莉君. 中国企业参与"一带一路"建设的境外安全风险评价 [J]. 中国安全科学学报，2019，29（8）：143 - 150.

② 刘莉君，张景琦，刘友金. 中国民营企业参与"一带一路"建设的风险评价 [J]. 统计与决策，2020，36（24）：166 - 169.

③ Hofman B. China's One-Belt One-Road Initiative：What We Know Thus Far [Z]. World Bank Blog，April 12，2015.

④ Swaine D. Chinese Views and Commentary on the 'One Belt，One Road' Initiative [J]. China Leadership Monitor，2015（47）：1.

⑤ Kennedy S.，Parker D. A. Building China's 'One Belt，One Road' [N]. Center for Strategic and International Studies，2015 - 4 - 3.

开放性和包容性为沿线国家推进产业结构调整以及实现可持续互惠发展铺平道路。布兰特（Brant，2015）[1] 提出，"一带一路"倡议充分体现了中国及沿线国家共同的发展意愿，为实现双边共赢和多边互利提供了重要的国际合作平台，因此，部分将"一带一路"倡议视为中国别有用心举措的观点是与事实相悖的。詹科夫和迈纳（Djankov & Miner，2016）[2] 认为，如果中国能够以开放的姿态接纳来自沿线国家的合理建议，将"一带一路"倡议真正落实为各个参与国的共建行为，那么不仅是与中国进行经贸合作的国家会从中受益，全球经济也会获益良多。哈特夫和鲁丘（Hatef & Luqiu，2018）[3] 立足于阿富汗现实生活的巨大转变，主张"一带一路"倡议有利于提升参与国的政治水平、国家地位、经济发展水平。艾赫祖伦和阿卜迪（Ehizuelen & Abdi，2018）[4] 指出，共建"一带一路"对于参与国的道路联通程度、贸易关联程度和产业共生程度等有显著提升作用，为产

---

① Brant P. One Belt, One Road? China's Community of Common Destiny [J]. The Interpreter, March 31, 2015：03 –31.

② Djankov S., Miner S. China's Belt and Road Initiative：Motives, Scope, and Challenges [J]. Piie Briefings, 2016 (11)：54 –61.

③ Hatef A., Luqiu L. R. Where Does Afghanistan Fit in China's Grand Project? A Content Analysis of Afghan and Chinese News Coverage of the 'One Belt, One Road' Initiative [J]. International Communication Gazette, 2018, 80 (6)：551 –569.

④ Ehizuelen M. M. O., Abdi H. O. Sustaining China-Africa Relations：Slotting Africa into China's One Belt, One Road Initiative Makes Economic Sense [J]. Asian Journal of Comparative Politics, 2018, 3 (4)：285 –310.

业共生联盟整体的经济腾飞提供新契机。

但是，有别于以往国际产业转移，中国与"一带一路"国家间产业转移不再是只强调自身利益，而是强调通过促进产业转移与合作强化产业互惠共生关系。夏立平（2015）[①]认为，"一带一路"建设的长期目标是建立共生型国际体系，中国应该以共生系统理论指导"一带一路"倡议的制定，并且将"一带一路"建设视作一个巨型共生整体系统，同时将其作为系统工程来推进。不过，目前国内从共生理论视角研究产业转移问题的成果并不多，文献检索结果表明，主要包括杨玲丽（2010）[②]、刘友金等（2012）[③]、李天放等（2013）[④]和郑威（2013）[⑤]等，而基于共生视角探讨中国与"一带一路"国家间产业转移的研究成果更是鲜见，衣保中等（2015）[⑥]认为共生理论为东北亚地区"一带一路"合作共生系统构建提供了理论支撑。关于中国与"一带一路"

---

① 夏立平. 论共生系统理论视阈下的"一带一路"建设［J］. 同济大学学报（社会科学版），2015，26（2）：30-40.

② 杨玲丽. 共生或竞争：论社会资本约束下的产业转移——苏州和宿迁两市合作经验的归纳与借鉴［J］. 现代经济探讨，2010（9）：49-54.

③ 刘友金，袁祖凤，周静，姜江. 共生理论视角下产业集群式转移演进过程机理研究［J］. 中国软科学，2012（8）：119-129.

④ 李天放，冯锋. 跨区域技术转移网络测度与治理研究——基于共生理论视角［J］. 科学学研究，2013，31（5）：684-692.

⑤ 郑威. 共生理论视阈下区域产业合作发展［D］. 福州：福建师范大学，2013.

⑥ 衣保中，张洁妍. 东北亚地区"一带一路"合作共生系统研究［J］. 东北亚论坛，2015，24（3）：65-74，127-128.

国家间产业转移模式，部分学者提出了自己的看法和观点。钱德拉等（Chandra et al.，2013）[①] 提出"飞龙模式"，突出中国的巨大规模和就业创造效应。黄群慧等（2015）[②] 提出，要实现"一带一路"国家产业链的有效整合和分工合理的生产网络，形成"对称互惠的产业共生模式"。中国社会科学院发布的《工业化蓝皮书："一带一路"国家工业化进程报告》指出，"一带一路"国家将呈现"新雁阵分工合作模式"。

四、研究述评

通过文献检索与梳理，已有越来越多的学者开始关注产业转移过程中的产业共生问题，而且，已有研究成果为本书研究奠定了重要的、坚实的基础。但是，从现有文献来看，尚存进一步拓展的空间。

其一，"一带一路"建设是以"共商、共建、共享"为原则，强调在产业转移过程中实现互惠共生，在互惠共生的目标导向下进行产业转移。那么，如何通过产业转移深化我

---

① Vandana Chandra，林毅夫，王燕. 领头龙现象：低收入国家赶超式发展的新机遇 [J]. 劳动经济研究，2013，1（1）：3-34.

② 黄群慧，贺俊. 中国制造业的核心能力、功能定位与发展战略——兼评《中国制造2025》[J]. 中国工业经济，2015（6）：5-17.

国与沿线国家之间的产业共生关系，迫切需要在系统探索的基础上，深入研究中国与"一带一路"国家间产业转移的共生机理，而从共生视角研究中国与"一带一路"国家间产业转移的成果较为鲜见。

其二，传统产业转移模式可能难以完全适用于中国与"一带一路"国家间产业转移，需要创新转移模式。

其三，提出有针对性、有建设性的政策建议，从而有序引导、有效促进中国与"一带一路"国家间产业转移与合作，实现高质量共建"一带一路"，需要科学分析中国与"一带一路"国家间产业转移与合作过程中的主要影响因素。

第三节 研究内容与观点

一、研究内容

本书研究以共生理论为理论依据，以产业互惠共生为目标导向，主要围绕以下内容展开。

首先，把握中国与"一带一路"国家间产业共生的内在需求和现实基础，从体现中国与"一带一路"国家间产业共生的产业园区建设、贸易往来、国际直接投资等方面，分析中国与"一带一路"国家间的产业共生关系以及特征事实。

其次，构建国际产业转移的共生理论分析框架，从产业共生单元的角度解构国际产业转移的基本动力，从产业共生模式的角度解构国际产业转移的运作方式，从产业共生环境的角度解构国际产业转移的依存条件，探究中国与"一带一路"国家间产业转移的共生机理。

最后，从产业互惠共生的目标出发，分析传统的国际产业转移模式是否完全适用于中国与"一带一路"国家间产业转移，探讨中国与"一带一路"国家间产业转移模式选择与创新，进而实证研究影响中国与"一带一路"国家间产业转移的主要因素，从而提出有针对性的政策建议。

二、主要观点

第一，从中国与"一带一路"国家间贸易合作、中国与"一带一路"国家间产业合作项目及园区建设、中国对沿线国家直接投资（OFDI）的规模与区域分布、沿线国家对中国直接投资（FDI）的规模与区域分布等方面，探讨了中国与"一带一路"国家间产业共生关系呈现日趋紧密的特征事实。

贸易合作是中国与"一带一路"国家间产业共生关系

第一章 绪 论 ········▶ *29*

的最基础体现。共建产业园区成为中国与"一带一路"国家间产业转移的一种重要形式，我国在沿线各国建立的产业合作园区稳健发展，产业合作项目逐步落地，成为我国与沿线国家实现产业共生互惠共赢的重要载体。中国对沿线国家的直接投资规模以及沿线国家对中国的直接投资规模普遍呈现波浪式上升趋势，产业合作关系日趋密切。目前，中国对沿线国家的直接投资主要集中于亚洲、欧洲、非洲及南美洲四大区域，其中，对东盟国家的投资规模尤为突出，集中表现在制造业、租赁和商务服务业、批发和零售业等行业。

第二，从产业共生关系对产业转移动力的影响、产业共生关系对产业转移演进过程影响、产业共生关系对产业转移模式选择影响、产业共生关系对产业转移效应影响四个方面，研究了产业共生关系对产业转移的影响机理。

共生关系影响着产业转移的动力、演进过程、模式选择、效应等。不同的产业共生关系下产业转出单元与产业承接单元在能量状态、独立性、地位、收益分配、演进过程、共生动力等方面均存在显著差异。在寄生型产业共生模式向对称互惠共生模式演进的过程中，产业转出单元与产业承接单元的共生动力逐步由被迫依存向互为激励的稳态共生演变；在共生关系的作用下，联盟中的产业转移演进朝网络式形态发展；不同的共生关系会导致产业转移模式选择的差异，以能量分配作为界定标准，分为非互惠共生产业转移模式和互惠共生产业转移模式；共生关系对产业转移过程的影响主要体现在产业关联效应、成本削减效应、互鉴效应、专业化效应、协同效应等。

第三，通过构建博弈模型，研究了不同共生关系下产业转移主体国之间的利益分配，探讨了不同产业转移模式下转出国与承接国间的动态博弈过程。基于合作博弈和非合作博弈分析，非互惠共生产业转移模式难以完全适用于共建"一带一路"，中国与"一带一路"国家间的产业转移模式需要创新，更需要选择互惠共生产业转移模式。

在寄生关系和偏利共生关系的影响下，产业共生联盟普遍体现为非互惠共生产业转移模式。该模式下，产业转出单元和产业承接单元无论选择合作博弈，还是选择非合作博弈，产业转出单元处于绝对优势地位，所获支付总是远大于产业承接单元。剥削关系和竞争关系在非互惠共生产业转移模式中占据主导地位，处于劣势地位的共生单元几乎没有机会实现跨越式发展，产业转出单元与产业承接单元之间的发展梯度差有持续扩大的趋势。班加罗尔的艰难成长就是非互惠共生产业转移模式下的典型案例之一。

在非对称互惠关系和对称互惠关系的影响下，产业共生联盟普遍体现为互惠共生产业转移模式。该模式下，产业转出单元与产业承接单元选择合作博弈优于选择非合作博弈，博弈双方处于较为平等的地位，所获支付较对等。产业转出单元不会仅以自身利益为唯一考虑因素，还会以促进共生联盟整体发展的宏观视角，优化资源配置实现共生共赢。合作关系和协同关系在互惠共生产业转移模式中占据主导地位，处于低梯度的共生单元有机会通过承接产业转移实现跨越式发展。该模式下，共生单元将充分发挥比较优势，实现资源和价值链的跨区域重组，取得共生共赢发展。

第四，测度了中国与"一带一路"国家间产业共生水平，并探讨了产业共生对双边贸易合作的影响。

首先，从共生行为、共生环境和共生效益三个维度，选取包含贸易往来、产业转移和产业合作三个方面的 17 个二级指标，构建中国与"一带一路"国家间产业共生水平综合评价体系，测度中国与沿线国家间产业共生水平及其演变特征。2011～2019 年，中国与"一带一路"国家间产业共生水平显著提升，但呈现空间分布不均衡特征。高产业共生水平国家集中在东南亚和东亚地区，低产业共生水平国家主要分布在西亚、南亚和非洲地区，其中中国与新加坡、智利、韩国和马来西亚等国家具有较高的互惠共生水平，而与尼泊尔、伊朗和尼日利亚等国家的产业共生则在短期内存在明显非对称共生甚至偏利共生特征。

在此基础上，通过构建随机前沿引力模型，实证检验产业共生水平对中国与"一带一路"国家间贸易潜力的影响。结果表明，中国与"一带一路"国家间产业共生水平的上升显著提升双边贸易潜力，且贸易效率逐年上升。中国与蒙古、哈萨克斯坦、安哥拉和巴拿马等国的贸易效率很高，产业共生合作密切，双边贸易潜力规模和贸易拓展空间较小，同时除蒙古外年均贸易增长率总体偏低，表明贸易过程中受到的人为限制较少，现有市场趋于饱和，应扩大产业共生合作范围发展新的贸易增长点。中国与新加坡、马来西亚、阿联酋、沙特阿拉伯、泰国和印度尼西亚等国贸易效率偏高且产业共生水平高于半数以上国家，近年来进出口总额也呈良好增长态势，存在较大的贸易潜力和贸易拓展空间。中国与孟加拉国、土耳其、希腊和印度等国贸易效率低于大多数"一带一路"国家，良好的产业共生关系尚未形成，贸易阻力较大。

第五，分析了东道国金融发展对中国与"一带一路"国家间产业转移的影响机理和门槛效应。

东道国金融发展主要通过金融发展规模、深度和效率对国际产业转移产生影响。东道国金融发展规模主要通过资金形成机制和信息反映机制来为产业转移提供资金支持、减少转移过程中的信息不对称，从而缩小企业面临的资金缺口，降低所面临的风险；东道国金融发展深度主要通过资金导向机制和宏观调节机制来调节各产业金融资源、提供政策支持，从而引导产业方向，营造产业转移环境；东道国金融发展效率主要通过成本降低机制和效率促进机制来推动金融产品创新，加快资金流转速度，提升企业生产效率，从而降低成本，促进产业转移进程。

在理论分析的基础上，选取"一带一路"沿线 47 个国家 2005～2018 年相关统计数据构建面板门槛模型进行实证研究，得出结论如下：东道国金融发展水平对中国与其之间的产业转移具有显著的非线性关系。东道国金融发展对产业转移表现为促进作用，但在不同水平下促进效果有所不同，当金融发展水平低于 4.6281 时，对产业转移的作用系数为 0.7359，在 1% 的水平上显著，对产业转移的促进作用相对较小；当金融发展水平高于 4.6281 时，对产业转移的作用系数为 1.0380，在 1% 的水平上显著，对产业转移的促进作用有所强化，即金融发展水平较高的国家对产业转移具有更大的促进作用。究其原因，随着金融发展水平的提高与金融发展规模的扩大，会带来市场的可用资金增加，进而可以填补产业转移中面临的资金缺口；金融发展深度的提高能够推动金融市场更好地发挥其资源配置功能，转移企业可以获得更多的资金支持；金融发展效率的提高降低了转移企业的融资成本；金融稳定性的增加为产业转移营造良好的外部环境。

第六，评估了中国企业参与"一带一路"建设的境外安全风险。

本着指标选择的相关性、代表性、全面性、可得性、可比性等原则，并借鉴《中国海外投资国家风险评级 (2018)》和《对外投资合作国别（地区）指南（2018）》，从政治、经济和社会三个维度构建中国企业参与"一带一路"建设的境外安全风险评价指标体系，共包含政治风险、经济风险、社会风险 3 个一级指标以及政府稳定性、经济发展水平、社会安全等 20 个二级指标。由主成分分析结果可知，中国企业参与"一带一路"建设的境外安全风险基本处于中等偏低的状态。在样本国中，新加坡和捷克两国属于低风险国；波兰、马来西亚、以色列、沙特阿拉伯、匈牙利、哈萨克斯坦、乌兹别克斯坦、罗马尼亚、柬埔寨、土库曼斯坦、印度尼西亚、孟加拉国、越南、泰国、斯里兰卡、土耳其、俄罗斯、缅甸 18 个国家属于偏低风险国；白俄罗斯、菲律宾、吉尔吉斯斯坦、塔吉克斯坦、老挝、伊朗、巴基斯坦、蒙古 8 个国家属于中等风险国家；仅乌克兰和伊拉克两国的安全风险等级偏高。

具体来讲，（1）发达经济体普遍呈现较低的风险等级。（2）东南亚国家是中国企业参与共建"一带一路"的重要投资目的地，中国与东南亚国家在自然资源、生产能力、产业结构上的差异，促使中国与东南亚国家之间形成了巨大的产业互补优势，中国—东盟自由贸易区的稳健发展更是推动双方实现更高水平的贸易互通、经济合作。（3）哈萨克斯坦在中亚五国中具有最好的营商环境，成为了中国企业向中亚地区投资最适宜的目的国。（4）战争、债务水平、与华关系等对风险水平有较为强烈的影响。

第七，从产业扶持、金融支持、风险防范等方面提出了促进中国与"一带一路"国家产业转移共生合作、共建"一带一路"高质量发展的政策建议。

加强中国与"一带一路"国家基础设施联通；推动中国与"一带一路"国家政策、规则和标准对接；持续深化中国与"一带一路"国家经贸合作；全力推动中国与"一带一路"国家产业协同；拓宽沿线各国金融合作途径，推动沿线国家金融市场深度发展；推动人民币在"一带一路"国家率先国际化；科学评估中国向沿线国家产业转移的境外投资风险，建立并完善风险评价预警体系；充分发挥"一带一路"国际商事调解中心的作用和影响，形成覆盖面更广的商事调节服务。

第四节　创新之处与不足

一、研究的创新之处

本书研究的创新与特色主要体现在以下三个方面。

第一，本书研究与以往以竞争理论为基石的国际产业转移研究不同，以共生理论为理论依据，以产业互惠共生为目标导向，揭示中国与"一带一路"国家间产业共生关系中的基本规律，构建国际产业转移的共生理论分析框架，为研究中国与"一带一路"国家间产业转移提供了新的理论视角。

第二，本书研究面对当前世界经济格局的深刻变化和中国在世界经济中所面临的挑战，从构建以合作共赢为核心的"一带一路"沿线国家新型国际伙伴关系出发，基于互惠共生的目标探索中国与"一带一路"国家间产业转移的新模式，并提出相应的政策建议，为有序引导中国与"一带一路"国家间产业转移，推动共建"一带一路"高质量发展提供了一定的借鉴参考。

第三，本书研究采用博弈理论模型研究了不同共生关系下产业转移主体国之间的利益分配，探讨了不同产业转移模式下转出国与承接国间的动态博弈过程；构建随机前沿引力模型、面板门槛模型、境外安全风险评价指标体系等分析了中国与"一带一路"国家间产业转移共生发展的影响因素，为实证研究中国与"一带一路"国家间产业转移引入了不同的分析工具。

二、研究的不足之处

本书研究的主要不足体现在：一是，本书主要是在国家层面、地域层面的研究，行业细分层面的研究只是选择了工程机械产业为例，不够全面，主要原因在于行业细分的数据获取比较困难，尤其是"一带一路"沿线国家的行业细分数据；二是，由于新冠肺炎疫情的暴发和严重化，导致预期的"一带一路"沿线国家实地调研无法开展，这使得本书研究的数据采集略显欠缺。

推动共建"一带一路"高质量发展是"十四五"期间及未来更长时期的重要发展任务，对其研究更是有了新要求。研究组将结合自身研究专长与积累，致力在今后研究中围绕以下问题深入，如：数字经济如何赋能共建"一带一路"高质量发展；数字金融如何支持中国企业参与"一带一路"建设以及如何防范可能的风险；人民币在"一带一路"国家率先国际化如何助推共建"一带一路"高质量发展；等等。

第二章　研究理论基础

　　阐述相关研究理论以及界定相关概念，是展开进一步深入研究的理论基石。本章将主要讨论以下三个方面的内容：（1）关于产业转移研究的理论基础；（2）关于产业共生研究的理论基础；（3）关于产业互惠共生的基本内涵、主要特征及实现条件。

第一节　产业转移理论

一、比较优势理论

　　亚当·斯密的绝对优势理论为比较优势理论奠定了基础，他在《国富论》中讨论商品进口时，主张国家应侧重生产具有绝对成本优势的商品，以便在出口贸易中占据上风。因而，如果各国以本国绝对优势为依据做出生产决策，则每个国家都能够提高生产效率，同时依托国际贸易实现产品交换和福利扩散。大卫·李嘉图以亚当·斯密的绝对优势理论为基础提出了"相对成本优势"这一概念，进一步诠释了不具备绝对优势的国家参与国际分工的策略，指出这类国家应当立足于本土与其他国家的差异，通过生产比较成本较低的产品进行跨国贸易从而实现本国财富和国民福利的增加。随后赫克歇尔和俄林提出要素禀赋论，即"H-O"定理，认为一国应依托本国优势资源规划产业发展和参与国际分工，即着重生产本土充裕要素的密集型产品，而进口本土匮乏要素的密集型产品。本质上，绝对优势理论、比较优势理论和要素禀赋论都主张基于效用最大化原则着重培育本土具备相对优势的产业，将其他产业迁移到其他地区。地区之间竞争关系与依存关系并存，最终形成协作分工、共同发展的双赢局面。

二、梯度转移理论

产业梯度转移理论属于区域经济学范畴，产生于 20 世纪中叶，由弗农、威尔斯等专家学者率先给予概念界定并进行补充完善。该理论指出，处于高层次产业梯度的国家或者地区倾向于将本土已经丧失比较优势或者有潜在优势丧失趋势的产业转移到处于低层次产业梯度的国家或者地区。该理论主张应尽可能优先为高经济发展水平层次的地区提供引进和掌握先进技术的机会，而后依照产品生命周期的阶段性变化，低梯度地区顺次承接产业空间迁移，通过区域辐射先富带动后富，激发产业承接区域经济活力。在实践应用过程中，梯度转移理论由传统（狭义）的梯度理论向着反梯度理论、广义梯度理论等逐渐发展完善。

传统（狭义）梯度理论认为，无论是新行业、新产品抑或是新技术，在其发展过程中都会出现自高梯度地区向低梯度地区逐渐转移的现象。该理论指出，产业结构对区域经济的发展具有决定性作用，而该区域经济主导部门处于工业生命循环中的何种发展阶段又决定了区域产业结构的优劣。因此，在高层次产业梯度地区，其主导部门通常是处于创新阶段或介于创新阶段与发展阶段之间的具有强劲发展势态的产业。产业发展阶段和创新活动在地区间的迁移具有同步性，在工业生产循环中，当产业发展由高峰期的成熟阶段逐渐走向衰退阶段，创新活动也在具有产业梯度差异的地区间顺位转移。当经济发展达到一定阶段，在市场机制的作用下，梯度转移将通过多层次区域渐次扩展。

反梯度产业转移理论则在上述理论的基础上做了进一步的补充，认为产业转移并不完全受经济发展梯度限制，即并非必然依据经济发展梯度顺位转移。通过大规模引进资金、先进技术、专业人才等高级生产要素，处于低层次产业梯度区域有机会实现超越式发展，赶超高层次产业梯度区域并向其反梯度转移产业。这种反梯度产业转移的前提在于，发展中地区或落后地区在承接发达地区的资本、先进技术以及产业的过程中，充分利用自身优势发挥主观能动性，摆脱区域发展过程中被发达地区辐射牵引的被动势态，结合本土后发优势大力推动高新技术产业和高端产业发展，实现产业分工梯度提升形成新的次极化经济核，同时在改变三次产业渐次发展顺序的过程中，依托技术溢出效应集聚整合邻近地区要素资源，基于自身累积优势朝原中心地区反向辐射，促进区域协同发展。

广义梯度理论强调生态环境、自然资源、文化、社会制度等因素在产业转移过程中的作用，认为这是一个包含了自然要素梯度、经济梯度、社会梯度、人力资源梯度、生态环境梯度、制度梯度等多个梯度子系统的巨型系统，其中各梯度子系统关系错综复杂，其内部及相互之间的各种比例关系存在巨大差异，这与广义梯度本身及推移过程的动态发展和阶段性特征相关。广义梯度理论认为，由于所处发展阶段和具体目标的不同，自然要素梯度、社会梯度、生态环境梯度等各子梯度系统的比例关系也不相同。此外，广义梯度推移的作用是多维双向的，任一梯度既会成为梯度推移的主动方，也有可能成为梯度推移的接受方，由此各梯度子系统在发展过程中形成了相互影响、相互制约的错综复杂的系统网络关系。

三、边际产业扩张理论

凭借对二战后快速发展的日本经济在对外直接投资活动中行业特征的观察和总结，小岛清以比较优势理论为基础于1978年提出边际产业转移理论，他指出："对外直接投资应该从本国（投资国）已经处于或即将陷于比较劣势的产业（称为'边际产业'）依次转移到国外，这也是对方国家具有显在或潜在比较优势的产业，以此重新树立已丧失的比较优势。"①

小岛清提出对外直接投资和国际贸易相互促进、相互补充，对外直接投资通过大力发展比较优势产业提高专业化水平，缩小并转移比较劣势产业，同时出口比较优势产业的产品，再从东道国进口比较劣势产业的产品，从而扩大贸易利益实现产业结构调整。边际产业扩张理论主张，通过迁移边际产业以及转出资本、专业人才、管理技术等东道国因缺乏而发展受限的生产要素，使得在投资本国具有比较劣势的产业在东道国发挥潜在优势，既回避了产业劣势又扩大了产业优势幅度。产业边际扩张理论中提及的"边际产业"在投

---

① 小岛清著，周宝廉译. 对外贸易论 [M]. 天津：南开大学出版社，1987.

资国和东道国的含义并不相同，在对外直接投资国中，边际产业的比较优势排名应处于末端位置，而在投资接受国中，边际产业的比较优势排名应占据尖端位置。在边际产业扩张过程中，投资国集聚更多的资本、人才等要素发展比较优势产业，而东道国的资源禀赋也得到有效利用，实现了帕累托改进。对外直接投资的动机一般分为自然资源导向型、市场导向型以及生产要素导向型，具体来看，自然资源导向型是指企业为了开发当地自然资源选择在东道国投资建立工厂；市场导向型是指以出口作为市场开拓方式受到了"技术优势""规模经济"、贸易壁垒等原因限制，企业无法进一步开发市场后直接在当地投资建立工厂；生产要素导向型则指由于部分生产要素的非流动性特征和要素跨国流动限制，企业为了更便利地获取丰富的生产要素而进行对外直接投资。而且，基于日本和美国国际直接投资方式的对比，小岛清指出，美国选择输出比较优势产业，虽然缩小了与其他国家的比较优势差距，但也导致了出口收入减少，国内工人失业率上升，最终在对国内传统产业采取政策保护的过程中提高了产业调整难度，甚至陷入恶性循环；而日本则选择输出比较劣势产业，一定程度上增加了本国与其他国家的比较优势差距，实现国内就业增加和社会福利增长，在技术扩散效应日益显现的同时日本又进入下一轮的对外投资，周而复始地进行良性循环。因此，当一个国家或者地区凭借对外直接投资将本土即将失去或已经失去比较优势的产业迁移至其他国家，能够有效调整本国产业结构，同时资本、管理、技术等的同步转移也使得产业承接国更好地发挥其潜力，激发东道国经济发展的强大活力，投资产业也会在东道国演化发展，逐步具备比较优势。

四、工业区位理论

经济学家们对区位的研究由来已久，早在 18 世纪古典经济学家们就对劳动力、运费、市场对工业选址的影响有所论述，例如英国经济学家亚当·斯密（Adam Smith）在其著作《国民财富的性质和原因的研究》中讨论煤矿价值的影响因素时谈到，对于煤矿的拥有者而言，煤矿的产出力和煤矿的位置对其价值有同样的影响力，产出量大的矿山若坐落在人烟稀少、交通不便的地方，煤矿的售出将十分棘手，从而影响煤矿的价值。到了 19 世纪，经历产业革命的德国工业有了快速发展，明显的人口和产业迁移现象为工业区位理论的提出创造了契机。德国经济学家阿尔弗雷德·韦伯（Alfred Weber）在其 1909 年所著的《工业区位论》中提出工业区位理论并阐述其基本主张[1]，随后针对工业区位问题

---

① 阿尔弗雷德·韦伯著，李刚剑等译. 工业区位论 [M]. 北京：商务印书馆，1997.

进行了详细探讨。工业区位理论以微观企业为研究主体，探究企业如何在运输成本、劳动力成本和生产集聚效应三者的作用下找到使得生产活动成本最小的区位。工业区位理论提出了区位因子这一概念，韦伯认为，区位因子通过将企业吸引到生产活动消耗费用最小的地方的方式影响区位的分布，并且归纳出了影响所有工业区位分布的三种因子：运输成本、劳动力成本、集聚或分散因子，其中运输成本和劳动力成本对工业区位布局的形成起基础性作用，而集聚或分散因子则会使得工业区位布局发生偏移。除了区位因子外，韦伯还选择区位三角形作为工业区位理论的几何分析模型，凭借目标市场和两个原材料来源地的地理位置分布确定商品在何处生产最优，上述地点恰好在地理上构成了一个三角形，具体方式是通过计算原材料和产品的运输总成本来确定三角形内的最佳生产位置。由于工业区位论主张，运输成本和产地位置主要由原材料和最终商品的重量决定，劳动力成本和集聚或分散因子的影响则被描述为工业区位选择的第一次和第二次"偏离"，所以在区位选择的三阶段中韦伯先考虑运输成本最低的区位。具体来说，如果在生产过程中产品会出现大量损耗，且成品从原材料来源地到产地的运输成本要高于从产地到市场的成本，则生产位置应当设立在原材料来源地附近；如果生产过程损耗较小，则为了降低总运输成本生产位置应当位于市场附近。在以最低运输总成本为标准在三角形内确定生产位置后，韦伯接着寻找廉价劳动力的替代位置，通过绘制运输成本与最低运输成本地点之间的差异，确定劳动力成本低于交通成本最低的地点，如果运输成本低于劳动力成本，则确定廉价劳动力的替代地点。在第三阶段，集聚或者分散因子对工业区位布局起偏移作用，使得区位布局相对于某一地点而言更加集聚或者分散。

第二节　产业共生理论

一、产业共生单元

共生理论最初起源于生物领域，随着该理论的发展，学者们发现经济领域的诸多现象也能够运用共生知识加以理解，因此学者们逐渐尝试利用共生理论解释和分析产业经济的相关理论、客观现象、发展规律等，产业共生理论得以迅速发展。在生物圈中，两个或多个动植物相互依偎、密切关联，其互动模式逐渐形成了对其生存与发展至关重要的共生关系，而这些具有共生关联的动植物个体就是共生单元；而与之相对应的，在产业经济理论中，两个或多个产业密切关联、利益联动，其互动和发展模式逐步演化为产业共生关联，这种关联对产业发展和扩张至关重要，而这些具有产业共生关联的产业个体都可被视为共生单元，这些产业共同组成了共生联盟体。袁纯清（1998）是我国较早展开产业共生领域相关研究的学者之一，对我国学者就该领域展开后续研究起到了里程碑式的作用①。其后，我国很多学者在上述研究的基础上进行了拓展性的思考，逐渐形成了产业共生模式、产业共生环境、产业共生网络等理论，并就国际产能合作、区域联动发展、企业管理、产业链条耦合、产业协同、产业集聚等方面的应用展开了丰富的研究。

二、产业共生模式

共生模式即共生联盟中的共生单元之间的关联方式，产业共生模式在一般条件下可视为产业共生关系②。在梳理文献的过程中发现，不同学者对产业共生模式做出了不同的界定，以两个产业的共生发展为例，当一个产业完全依托另一个产业生存，完全失去控制权以及自我创新能力时，产业共生联盟内部实现的是寄生模式；当一个产业对另一个产业存在单边激励和正向刺激的时候，产业共生联盟内部实现的是

① 袁纯清. 共生理论及其对小型经济的应用研究（上）[J]. 改革，1998（2）：100 – 104.

② 吴泓，顾朝林. 基于共生理论的区域旅游竞合研究——以淮海经济区为例 [J]. 经济地理，2004（1）：104 – 109.

偏利共生模式;当一个产业与另一个产业属于互为激励、互相促进的关系时,那么,产业共生联盟内部实现的是互惠共生模式①。上述产业共生模式的分类标准得到了我国学者普遍的认可,从寄生到互惠共生的演进过程,共生单元之间在形态、共生能量和利益分配等方面的差异呈现顺次递减的趋势。也有学者以其他的分类标准对产业共生模式做出界定,如从利害关系角度来看,当一个产业在其壮大过程中压抑和削弱另一个产业的壮大,而产业单元自身又不会从中获益,则共生联盟内部实现的是偏害共生模式,部分学者也将其视为拮抗性共生模式;反之,当一个产业在其壮大过程中带动了另一个产业的壮大,而产业单元自身也获取到额外收益,则共生联盟内部实现的是互利共生模式;当产业共生单元均未对其他产业共生单元表现出明显的利害倾向时,则共生联盟内部实现的是中性共生模式②。

三、产业共生网络

产业共生网络是产业共生单元在其成长壮大的过程中与

---

① 袁纯清. 共生理论及其对小型经济的应用研究(上)[J]. 改革, 1998 (2): 100-104.

② Caullery M. Parasitism and Symbiosis [J]. The Quarterly Review of Biology, 1954, 170 (29): 91-92.

其他产业共生单元所形成的错综复杂的共生关联，即随着原始产业共生单元的发展，与之相关联的产业共生单元会围绕主导单元逐步嵌入共生联盟中，共生联盟呈现由点共生形态向线型和网络式共生形态发展的趋势①。依据产业关联的方向，可大致将其划分成纵向关联产业和横向关联产业②。处于上下游产业链中的共生单元呈现纵向关联模式，而与之相关的配套产业链呈现横向关联模式。就共生关联程度而言，纵向关联产业内的共生关联度和横向关联产业内的共生关联度都很高，只是相比较来说前者更高，联盟内的市场、法律和政府等组建的共生界面是维系各产业合作的重要枢纽；就共生组织模式而言，纵向关联的产业间一般会签订相关的合作合同，形成较为稳定的长期合作关系，其组织程度以连续共生为主，相对而言，横向关联产业较纵向关联产业间的合作关系稳定性略有弱化；就共生行为模式而言，在纵向或横向关联的产业联盟内部，如果每个共生单元都体现出强大的研发能力和创新能力，同时具备自我发展和自我壮大的实力，共生单元在利益分配上面趋于平衡，就会普遍地体现为较为对等的互惠共生模式。反之，若共生单元研发能力、创

----

① 赵秋叶，施晓清，石磊. 国内外产业共生网络研究比较述评［J］. 生态学报，2016，36（22）：7288 - 7301.

② 刘友金，袁祖凤，周静，姜江. 共生理论视角下产业集群式转移演进过程机理研究［J］. 中国软科学，2012（8）：119 - 129.

新能力、自我发展实力差异巨大，一般会体现为非互惠共生模式。产业共生网络在一定程度上体现着共生界面、组织模式、行为模式、利润分配等方面的帕累托改进。

四、产业共生环境

产业共生环境是指在共生单元和产业共生联盟外部的一切影响因素的总和①。根据作用效果，可以将产业共生环境分成具有正向激励作用的产业环境以及具有反向阻碍效果的产业环境，前者有益于共生联盟的壮大和成长，而后者则不利于共生联盟的稳定和扩张②。就宏观层面而言，产业共生环境包含社会环境和自然环境两方面的内容③。其中，社会环境包含对共生单元产生影响的各种国家宏观政策调控及金融保障体系调整等，例如出台产业支持政策、设立财政补贴项目、制定税收减免管理办法、降低贷款资格门槛等，上述政策环境对共生联盟的发展有正向激励作用。自然环境包括对共生单元产生影响的外在因素，例如是否拥

---

① 袁纯清. 共生理论及其对小型经济的应用研究（上）[J]. 改革，1998（2）：100-104.

② 江露薇，冯艳飞. 长江经济带城市间装备制造业的共生模式研究 [J]. 财会月刊，2019（24）：128-133.

③ 唐强荣，庄伯超，徐学军. 生产性服务业与制造业共生关系影响因素的实证研究 [J]. 科技进步与对策，2008（5）：83-85.

有地理区位优势和便捷的物流运输渠道，共生单元所处地域的自然条件是否优越等。就微观层面而言，产业共生环境主要指存在于企业内部和产业内部的各种影响因素。比如，共生单元获取信息的广泛性和即时性，共生单元对于关键技术的研发能力和创新能力，共生单元对于产品规格、质量的管控能力，总成本在不同环节的投入比例和最终成果的分配决策，共生主体内部的激励标准和措施等。产业共生环境和共生单元的组合是动态变化的，当两者的组合达到双向正激励的时候，共生联盟内的共生能量及共生效益达到最大值。

第三节　产业互惠共生的基本内涵、主要特征及实现条件

一、产业互惠共生的基本内涵

产业互惠共生是指各个企业作为独立的经济组织，在产业系统内通过与其他参与方共享同类资源或互补异类资源，而形成的协同共享、互利共赢的共生关系，这种共生关系不仅促进了产业链横向或纵向的演进，也直接或间接地提高了资源配置效率，具体到"一带一路"上表现为中国与沿线

国家在产业链上的连续性和价值增值性①。从双边价值链升级的视角来看，如果中国向"一带一路"国家进行产业转移能够同时提升共生系统中"一带一路"沿线各个国家的全球价值链分工地位，那么就可以认为产业转移具有互惠共生效应②。一般来说，互惠共生通常可分为对称性互惠共生与非对称性互惠共生两种类型。在基于对称性互惠共生关系所形成的网络合作模式中，各共生单元的利益追求和价值目标极为相似，在资源共享系统和双边、多边交流机制的基础上具有进化同步性。相反，如果在产业转移过程中各共生单元获得不同等的能量积累和非同步的进化机会，此共生行为模式就属于非对称互惠共生，表2.1对两者的具体特征做了详细的阐述。

表 2.1　　非对称性互惠共生 VS 对称性互惠共生

项目	非对称性互惠共生	对称性互惠共生
共生单元特征	1. 共生单元形态方差较小 2. 同类共生单元亲近度存在明显差异 3. 异类单元之间存在双向关联	1. 共生单元形态方差接近于零 2. 同类共生单元亲近度接近或者相同 3. 异类单元之间存在双向关联

---

① 胡晓鹏. 产业共生：理论界定及其内在机理 [J]. 中国工业经济, 2008 (9)：118 – 128.

② 刘友金，尹延钊，曾小明. 中国向"一带一路"国家产业转移的互惠共生效应——基于双边价值链升级视角的研究 [J]. 经济地理, 2020, 40 (10)：136 – 146.

续表

项目	非对称性互惠共生	对称性互惠共生
共生能量特征	1. 产生新能量 2. 存在新能量的广谱分配 3. 广谱分配按非对称机制进行	1. 产生新能量 2. 存在新能量的广谱分配 3. 广谱分配按对称机制进行
共生作用特征	1. 存在广谱的进化作用 2. 双向双边交流与多边交流共存 3. 分析机制的不对称导致进化的非同步性	1. 存在广谱的进化作用 2. 双边交流机制与多边交流机制共存 3. 进化单元具有同步性
互动关系特征	主动—随动	主动—主动

资料来源：袁纯清. 共生理论——兼论小型经济 [M]. 北京：经济科学出版社，1998.

二、产业互惠共生的主要特征

互惠共生下的共生单元在共生合作框架中能够充分发挥各自优势，且任何一方的发展演化都会对其他参与方产生积极影响，从而达到协同提升的效果。具体来看，产业互惠共生主要有如下特征[①]。

（1）群落性。产业互惠共生是由多个彼此相关联的企业互相进行合作，通过产业系统内资源重配、战略调整和技术更新等方法实现产业重组，从而使得群落内的总体资源得

---

① 胡晓鹏. 产业共生：理论界定及其内在机理 [J]. 中国工业经济，2008（9）：118 – 128.

到最优化利用。

（2）融合性。融合是共生的前提，经济全球化时代下的"和合共生"是指各个经济主体通过互利竞争实现协同共赢，产业互惠共生框架下的融合以价值共创为基本前提，关注的是产业创新及其价值增值过程中的业务连接关系。

（3）互动性。产业间的互动是共生行为的具体体现，也是共生关系持续推进的物质基础。从严格意义上讲，共生框架下的产业互动必然会带来利益，但产业间的利益分配既可能是对称的，也可能是非对称的，这就表明共生关系下互动的性质是多重的，并且这种性质会随着发展阶段的变化而变化。

（4）关联性。互惠共生关系形成后，各个企业在共生系统中广泛开展生产、经营、资本、技术等方面的协作，优势互补，形成了一条完整的产业链条。关联关系的存在能够更充分地协调各组成部分的行为，更合理地处理各共生单元的关系，进而实现经济效益增加、经营规模扩大以及价值链地位攀升、全要素生产率提高等。

（5）增值性。产业共生体的目标是在节约资源和保护环境的基础上取得价值增值效应，并实现共生体内各共生单元的互利与共赢。另外，产业共生体摒弃了以往产业发展过程中把经济发展与环境保护分离的弊端，把经济效益与环境效应有机地结合起来。

（6）协同性。产业互惠共生的过程就是各共生单元的共同进化过程，企业间通过分工协作、优势互补，使各类资源在企业群体内外合理配置和流动并得到有效运用，从而实现共生单元的协同进化。

三、产业互惠共生的实现条件

互惠共生是"一带一路"建设高质量、可持续推进的重要基础[①]，产业共生系统实现互惠共生须基于一定的实现条件，主要包括质参量兼容、共生界面交流、共生能量生成、共生单元协同演化等。

（一）质参量兼容条件

共生单元之间至少存在一组可以相互表达即兼容的质参量，这种内部关联性是共生关系形成的基础条件。质参量反映共生单元的内在性质，且随着时空和共生单元的变化而变化，即质参量存在动态性。在构成共生关系的一组质参量中，主导共生单元内在性质的质参量称为主质参量，其在共生关系形成上起关键作用。质参量兼容方式决定共生单元的共生

---

① 刘友金，尹延钊，曾小明. 中国向"一带一路"国家产业转移的互惠共生效应——基于双边价值链升级视角的研究［J］. 经济地理，2020，40（10）：136－146.

模式，准确把握质参量兼容方式对识别中国与"一带一路"国家间共生阶段具有重要意义。关于质参量的选择，胡晓鹏（2008）① 提出根据产业共生的诱因来选取主质参量。在"一带一路"共生系统中，中国和"一带一路"国家为了实现经济增长、产业结构升级、竞争力提升，基于双边贸易、产业转移、产能合作多种方式，在竞争与合作中形成了产业共生关系，因而"一带一路"产业共生关系中可将产出增长率、全要素生产率、贸易竞争力等作为质参量，但单一主质参量的选择并不适用于多动因引发的产业共生，"一带一路"产业共生关系中质参量兼容仍需采用合理加权方式进行分析。

（二）共生界面交流条件

共生界面是共生关系中物质、能量、信息在共生单元之间流动的载体，是共生单元交流沟通方式和机制的总和。共生单元能够在共生界面中自由活动并且进行正常的物质、能量、信息传递，是共生关系形成发展的重要条件。这是由于共生界面不仅影响共生系统中共生单元的规模与质量，同时也影响了共生能量的产生和分配方式。产业互惠共生关系中良好的共生界面不可或缺，以"一带一路"产业共生为例，从面向经济主体的外部界面来看，共生界面包括了有序对接

---

① 胡晓鹏. 产业共生：理论界定及其内在机理 [J]. 中国工业经济，2008（9）：118 - 128.

的政策制度、联通完善的交通网络、畅通无阻的市场共享以及多层次多渠道的合作平台等，从面向具体业务模块的内部界面来看，共生界面包括了产品规格兼容、技术标准统一、知识产权合作等，其中有利的经济、法律制度等外部界面是产业互惠共生关系中共生界面的具体表现，同时其与标准化的产品规格、技术等内部界面间存在相互影响的制约关系。

（三）共生能量生成条件

共生能量是共生关系中共生单元在物质、能量、信息的有效配置和循环过程中新增的净能量，是共生系统存在和增值的重要体现，共生单元之间是否通过共生界面交流互动生成新能量是共生体存在和发展的根本条件。值得注意的是，共生新能量的产生既受质参量兼容影响又受共生面影响，因此质参量兼容的共生体不一定能够生成共生新能量。全要素共生度作为共生体生成共生新能量的判断依据，可通过测算共生单元与共生体间的整体关联度来确定是否存在共生新能量。共生能量的具体形式因共生体差异而不同，在生态系统中，共生能量体现为共生物种基于共同生存过程中的交互作用实现生存能力和繁殖能力提升，在产业共生系统中，共生新能量则体现为经济主体在一定共生环境中基于供求合作、业务联结等合作分工方式实现经济效益增加、经营规模扩大以及价值链地位攀升、全要素生产率提高等。

（四）共生单元协同演化条件

共生单元之间实现协同演化是共生系统发展的总体趋势和理想状态。共生单元在某种内在联系的作用下形成共生体，在分工与合作中产生的共生新能量在共生系统中分配循环，进一步促进共生单元协同进化。袁纯清（1998）[①]依据共生新能量特征以及能量分配特征将共生行为模式分为寄生、偏利共生、非对称互惠共生以及对称互惠共生四类，后两类常合称为互惠共生，并且指出对称性互惠共生是共生系统进化的总趋势。相较于寄生、偏利共生，互惠共生系统的特征在于共生单元基于交互作用产生了共生新能量，且共生新能量在共生单元间广谱分配，即不存在单一共生单元获得全部共生能量。共生系统向对称性互惠共生状态进化的过程是逐渐趋于稳定、高效的动态调整，具体表现为共生体的数量和规模、共生新能量生成和能量消耗逐渐达到均衡状态，以及共生单元间效益合理分配机制逐步形成。

[①] 袁纯清. 共生理论及其对小型经济的应用研究（上）[J]. 改革, 1998（2）: 100 – 104.

第三章 中国与"一带一路"国家间的产业共生关系

把握现状、分析趋势、找出问题是进行整个研究的前提。本章从体现中国与"一带一路"国家①间产业共生的产

---

① 本书中"一带一路"国家的样本选取原则是来自中国一带一路网（ht-tp：//www. yidaiyilu. gov. cn）公布的共建国家，既包括"一带一路"沿线国家，也包括签署"一带一路"合作协议、备忘录的国家。具体的，包括亚洲的韩国、蒙古、新加坡、东帝汶、马来西亚、缅甸、柬埔寨、越南、老挝、文莱、巴基斯坦、斯里兰卡、孟加拉国、尼泊尔、马尔代夫、阿联酋、科威特、土耳其、卡塔尔、阿曼、黎巴嫩、沙特阿拉伯、巴林、伊朗、伊拉克、阿富汗、阿塞拜疆、格鲁吉亚、亚美尼亚、哈萨克斯坦、吉尔吉斯斯坦、塔吉克斯坦、乌兹别克斯坦、土库曼斯坦、泰国、印度尼西亚、菲律宾、也门、巴勒斯坦、叙利亚40个国家；非洲的苏丹、南非、塞内加尔、塞拉利昂、科特迪瓦、索马里、喀麦隆、南苏丹、塞舌尔、几内亚、加纳、赞比亚、莫桑比克、加蓬、纳米比亚、毛里塔尼亚、安哥拉、吉布提、埃塞俄比亚、肯尼亚、尼日利亚、乍得、刚果（布）、津巴布韦、阿尔及利亚、坦桑尼亚、布隆迪、佛得角、乌干达、冈比亚、多哥、卢旺达、摩洛哥、马达加斯加、突尼斯、利比亚、埃及、赤道几内亚、利比里亚、莱索托、科摩罗、贝宁、马里、尼日尔、刚果（金）、博茨瓦纳、中非、几内亚比绍、厄立特里亚、布基纳法索、圣多美和普林西比、马拉维52个国家；欧洲的俄罗斯、塞浦路斯、奥地利、希腊、波兰、塞尔维亚、捷克、保加利亚、斯洛伐克、阿尔巴尼亚、克罗地亚、波斯尼亚和黑塞哥维那、黑山、爱沙尼亚、立陶宛、斯洛文尼亚、

业园区与项目建设、贸易往来、国际直接投资等方面，刻画与描述中国与"一带一路"国家间的产业共生关系。主要包括以下三个方面的内容：（1）中国与"一带一路"国家间产业合作的建设事实；（2）中国与"一带一路"国家间贸易往来的现实状况；（3）中国与"一带一路"国家间直接投资的特征事实。

第一节　中国与"一带一路"国家间产业合作的建设情况

一、中国与"一带一路"国家间产业合作园区建设情况

建设产业合作园区是体现国家间产业共生关系的重要举措，为充分发挥我国及沿线国家的互补效应和协同效应，完善和强化共生联盟内部的产业链条，推动双边乃至多边产业

匈牙利、北马其顿、罗马尼亚、拉脱维亚、乌克兰、白俄罗斯、摩尔多瓦、马耳他、葡萄牙、意大利、卢森堡 27 个国家；大洋洲的新西兰、巴布亚新几内亚、萨摩亚、纽埃、斐济、密克罗尼西亚联邦、库克群岛、汤加、瓦努阿图、所罗门群岛、基里巴斯 11 个国家；南美洲的智利、圭亚那、玻利维亚、乌拉圭、委内瑞拉、苏里南、厄瓜多尔、秘鲁、阿根廷 9 个国家；北美洲的哥斯达黎加、巴拿马、萨尔瓦多、多米尼加、特立尼达和多巴哥、安提瓜和巴布达、多米尼克、格林纳达、巴巴多斯、古巴、牙买加、尼加拉瓜 12 个国家。

融合，实现产业共生合作创造崭新契机。我国商务部于2005年提出建设境外经贸区的草案，于2006年颁布《境外中国经济贸易合作区的基本要求和申办程序》，并由此开启了我国企业"走出去"的大门。随后，"一带一路"倡议的提出有效推动了境外经贸合作区（以下简称"合作区"）的建设进程。截至2020年底，我国累计在沿线国家设立了20个国家级境外经贸区（见表3.1）。一般来说，合作区的初期建设由主要的投资主体带动和推进，投资主体通过考察东道国所处的环境（主要包括区位优势、政策优势、资源优势、投资环境、基础设施完善程度等）对具有发展前景的区位确立投资决策，合力建设境外经贸合作区。合作区由不同功能定位的产业合作园区组成，各园区以多边共赢和成果共享为基本原则，以龙头企业为引领，逐渐吸引其上下游产业、配套产业、互补产业等入驻园区，并由此形成具有全球竞争力的一体化产业链。

从建设进展来看，合作区已普遍完成一期建设工程，正有序推进后期建设项目。从投资区位来看，80%左右的合作区位于亚洲板块和欧洲板块。从共生规模来看，合作区普遍形成规模发展，进驻企业仍有扩张趋势。其中，柬埔寨西哈努克港经济特区、泰国泰中罗勇工业园、匈牙利中欧商贸物流合作园区、埃塞俄比亚东方工业园等合作区共生企业规模较大，入园企业累计均在100家以上。而巴基斯坦海尔—鲁

表 3.1   我国在沿线国家设立的国家级境外经贸区

中国境外经贸合作区	投资区位	共生产业定位	共生环境
中国印尼经贸合作区	亚洲板块	汽配制造、机械制造、农产品精深加工、建材、精细制造、智能制造	1. 东盟国家经济自由度较高，普遍无外汇管制； 2. 税收优惠政策、财政补贴政策； 3. 资源丰富（如矿物储量）； 4. 海、陆、空运输通道； 5. 市场辐射广； 6. 东道国特权（普惠制和最惠国待遇；东盟成员国；WTO成员；最优惠的工业投资政策；免关税免配额政策；投资成本核减优惠等）； 7. 生产成本低廉（劳动力、土地、电力等）； 8. 生产和生活配套设施完备； 9. "一站式"综合服务中心
中国印尼综合产业园青山园区	亚洲板块	镍铁和不锈钢一体化产业链	
中国印度尼西亚聚龙农业产业合作区	亚洲板块	农业种植开发、农产品初加工、精加工	
柬埔寨西哈努克港经济特区	亚洲板块	纺织服装、箱包皮具、木业制品、五金机械、建材家居、精细化工	
泰国泰中罗勇工业园	亚洲板块	汽摩配及其零部件、新能源、新材料、机械、电子、五金	
越南龙江工业园	亚洲板块	综合性工业园区	
老挝万象赛色塔综合开发区	亚洲板块	能源化工、电子产品制造、生物医药、农产品加工、纺织品加工	
吉尔吉斯斯坦亚洲之星农业产业合作区	亚洲板块	种植、养殖、屠宰加工、食品深加工等产业	
乌兹别克斯坦鹏盛工业园	亚洲板块	瓷砖、制革、制鞋、卫浴等产业	
俄罗斯乌苏里斯克经贸合作区	欧洲板块	轻工、机电、木业等产业	
中俄—托木斯克木材工贸合作区	欧洲板块	海外森林资源投资与开发、木材及相关产品贸易、绿色建材和家居	
中俄现代农业产业合作区	欧洲板块	种植业、养殖业、加工业	
俄罗斯龙跃林业经贸合作区	欧洲板块	林木采伐、粗加工、精深加工、林产品展销	
匈牙利中欧商贸物流合作园区	欧洲板块	机械电子、建材家居、轻工纺织	

续表

中国境外经贸合作区	投资区位	共生产业定位	共生环境
中匈宝思德经贸合作区	欧洲板块	化工、生物化工、机械产业	
中埃泰达苏伊士经贸合作区	非洲及拉丁美洲板块	新型建材、石油装备、高低压设备、机械制造	
埃塞俄比亚东方工业园	非洲及拉丁美洲板块	建材、鞋帽、纺织服装、汽车组装和金属加工等产业	
赞比亚中国经济贸易合作区	非洲及拉丁美洲板块	有色金属开采冶炼、加工制造业、物流业、服务业等产业	
尼日利亚莱基自由贸易区（中尼经贸合作区）	非洲及拉丁美洲板块	高端制造业、产业装配业、物流业和服务业等产业	
巴基斯坦海尔—鲁巴经济区	亚洲板块	冰箱、冷柜、洗衣机、空调、商用空调、厨电等	

资料来源：根据商务部官网（http://www.mofcom.gov.cn/）整理得到。

巴经济区的情况较为特殊，该经济区由于部分优惠政策尚未落实，合作区内部暂时只有少数海尔的配套企业进驻。从共生产业定位来看，合作区内部充分依托本土优势，以龙头企业为引领，产业链条呈现横向汇聚、纵向拓展的趋势，形成了分工明确的特色园区。例如，中国印尼综合产业园区青山园区、中俄—托木斯克木材工贸合作区分别依托其本土的矿物资源发展一体化产业链条，形成了极具竞争优势的核心产业。此外，还有部分共生产业弥补了合作区东道国的产业空位。例如，五金机械电子产业的长足发展弥补了柬埔寨西哈努克港经济特区乃至柬埔寨的产业空位，玻璃纤维制造产业的阶段式发展弥补了苏伊士经贸合作区和埃及的产业空位，优质瓷砖、卫浴等企业入驻园区弥补了鹏盛工业园和乌兹别克斯坦的产业空位。从共生环境来看，随着共生环境的优化，合作区内产业链条得到补充和强化，呈国际化和集聚化态势发展，成为中国及沿线国家实现产业共生的重要载体之一。宏观层面上，合作区内的东道国社会稳定，积极与中国对接产业共生发展战略，采取多项优惠政策吸引外资，为合作区的稳健扩张提供了有力支撑。例如，我国和印度政府就外资保护方面达成一致并签署了《投资保护协定》和《避免双重征税协定》，协定明确了外商投资行业的优惠框架，并对鼓励栏目下的产业给予不同档次的税收减免和土地优惠政策等。微观层面上，合作区普遍具有资源丰富、交通便利、生产要素成本低廉等优势，部分合作区还享有其他国家给予的特权，这成为吸引外资的"法宝"之一，可为入驻企业提供"一站式"服务。以西哈努克港经济特区为例，柬埔寨作为东盟和 WTO 成员，合作区内企业享受东道国的优惠特权，极大程度上降低了关税壁垒。

二、中国与"一带一路"国家间产业合作项目建设情况

项目建设是我国与沿线国家开展产业共生合作的重要

载体之一。自"一带一路"倡议提出以来,合作主体作为共生单元积极推进和完成项目建设,充分发挥各自的优势产能,成为助推东道国完善产业链条和调整产业结构的重要"扶手"。哈萨克斯坦石油化工一体化(IPCI)项目是我国与哈萨克斯坦的标志性产能合作样板,补全了东道国在聚烯烃领域的产业空位,使其由上游石油天然气加工领域涉足至下游化工领域,成为哈萨克斯坦调整产业结构和延伸产业链条的强大引擎[①];我国海洋石油工程股份有限公司与沙特阿美石油公司签署的"马赞项目"预计2022年完工,该项目投产后将为后期我国加强与"一带一路"国家在油气领域的合作奠定坚实基础[②];乌兹别克斯坦聚氯乙烯项目由我国企业承建,合同金额在4亿美元以上,有望促使东道国在化工产品领域实现进口替代甚至扭转该产业领域的贸易逆差[③];2019年6月,俄罗斯西布尔与中国石化以互惠合作为宗旨,启动了丁腈橡胶项目的合作,试图将双方的产业合作拓展至下游化工产品和高端材料生产领域[④]。基

---

① 资料来源:中国化学工程哈萨克斯坦IPCI项目平稳推进[N/OL]. 中国一带一路网,https://www.yidaiyilu.gov.cn/xwzx/hwxw/87264.htm.

② 资料来源:中企与沙特阿美签署7亿美元的"马赞项目"建造合同[N/OL].中国一带一路网,https://www.yidaiyilu.gov.cn/xwzx/hwxw/110689.htm.

③ 资料来源:中企承建的乌兹别克斯坦聚氯乙烯项目投产[N/OL].中国一带一路网,https://www.yidaiyilu.gov.cn/xwzx/roll/114004.htm.

④ 资料来源:中俄石化合作进入新阶段 俄罗斯石化产品将销往中国市场[N/OL].中国一带一路网,https://www.yidaiyilu.gov.cn/xwzx/gnxw/119887.htm.

础设施互联互通是中国及沿线国家深化产业共生合作的重要基础。"一带一路"倡议提出以来，我国充分释放基础设施领域的优质产能，统筹推进基础设施合作项目，积极弥补沿线国家在该领域的建设缺口。桑河二级水电站主要由我国企业承包建设，并于 2019 年 1 月顺利投产，现已成为亚洲地区极具影响力的大坝项目，不仅改善了当地电力供应情况，为当地培育了大批电力人才，也极大程度上带动了东道国其他产业的发展[①]；马来西亚第一条地铁由我国企业承建，该项目也是我国企业在海外承建的首个地铁项目，2019 年 8 月，2 号线 B 标区间的顺利竣工标志着我国在该领域的技术水平和工法达到国际化标准，同时也为当地交通体系建设做出了重要贡献[②]；此外，我国企业还凭借先进技术和丰富经验承包了塞尔维亚 E763 高速公路的部分建设项目，合同金额在 10 亿美元以上，此举开创了我国企业在东欧板块承建高速公路项目的先河，预计 2022 年项目建成后将有效缓解东道国客货运输压力，并辐射带动其工业、制造业、物流业的发展[③]。未来，我国将秉持

---

① 资料来源：桑河二级水电站竣工投产 为柬埔寨最大水力发电工程［N/OL］.中国一带一路网，https：//www.yidaiyilu.gov.cn/xwzx/hwxw/77632.htm.

② 资料来源：中企承建马来西亚首条地铁隧道贯通［N/OL］.中国一带一路网，https：//www.yidaiyilu.gov.cn/xwzx/hwxw/99189.htm.

③ 资料来源：中企承建的塞尔维亚高速公路路段通车［N/OL］.中国一带一路网，https：//www.yidaiyilu.gov.cn/xwzx/hwxw/113160.htm.

包容、开放和共赢的理念，继续鼓励有实力的本土企业"走出去"，与越来越多的沿线国家共同推进产业合作项目，合力提升和强化共生单元在全球产业链条中的地位，构建互惠共赢式的发展格局。

第二节 中国与"一带一路"国家间贸易往来的特征事实

一、中国从"一带一路"国家进口的规模、国别与产品细分

贸易往来是中国与"一带一路"国家间产业共生的具体体现之一。通过双边或多边贸易可以发挥资源禀赋优势，促进商品、劳动力和技术等生产要素在"一带一路"共生系统中充分流动和合理配置。从中国与"一带一路"国家的进口贸易来看，中国从"一带一路"国家的进口规模不断扩大，2013～2020年中国从"一带一路"沿线国家进口商品总额达 6.72 万亿美元，年平均增长率为 0.96%，占中国从世界进口总额的 43.98%。①具体从"一带一路"国

---

① 资料来源：根据中国一带一路网中国与"一带一路"国家的双边贸易数据整理所得。

家的角度来看，韩国长期以来一直是中国最大的进口来源国，2020 年中国从韩国的进口额高达 1727.56 亿美元[①]，高于位列第二的越南 2 倍有余，马来西亚、俄罗斯和泰国紧随其后，2020 年中国从这三个国家的进口额均高于 400 亿美元，中国从沙特阿拉伯、印度尼西亚、新加坡、智利和意大利等国的进口额均超过 200 亿美元（见表 3.2）。此外，通过观察 2013～2020 年中国从上述国家进口贸易额的变化过程可知，尽管 2020 年受新冠肺炎疫情影响，中国从部分国家的进口额略有下降，但与越南、马来西亚、俄罗斯、泰国、智利的进口贸易仍保持明显增长趋势，其中从越南进口额增长最高，年均增长率高达 24.54%。受原油和矿产品等大宗商品价格下降影响，中国从沙特阿拉伯、南非等国进口额自 2015 年出现大幅下跌，虽然 2016 年后有所回升但受新冠肺炎疫情影响 2020 年进口额明显减少。与上述国家相比，2020 年中国从多米尼克、萨摩亚、汤加、基里巴斯、科摩罗、格林纳达、安提瓜和巴布达、塞舌尔和不丹等国的进口规模不足 100 万美元，在贸易方面的产业共生表现较为疏远。

---

① 资料来源：2020 年中国进口韩国产品仅减少 0.03% [N/OL]. 中华人民共和国商务部网站，http://www.mofcom.gov.cn/article/zwjg/zwxw/zwxwyz/202103/20210303043964.shtml.

表 3.2　　2020 年中国从"一带一路"国家进口额排名前十位的国家

排名	国别	进口额（亿美元）	变化过程	排名	国别	进口额（亿美元）	变化过程
1	韩国	1727.56	－ ＋ －	6	沙特阿拉伯	390.33	－ ＋ ＋
2	越南	784.75	＋ ＋ ＋	7	印度尼西亚	373.69	－ ＋ ＋
3	马来西亚	747.33	－ ＋ ＋	8	新加坡	315.51	－ ＋ －
4	俄罗斯	571.81	－ ＋ ＋	9	智利	287.49	－ ＋ ＋
5	泰国	480.98	－ ＋ ＋	10	意大利	222.48	－ ＋ ＋

　　注：表格中的"＋""－"代表 2013～2015 年、2015～2017 年和 2017～2020 年中国从排名前十沿线国家进口金额的变化趋势，其中"＋"代表呈现上升趋势，"－"代表呈现下降趋势。巴勒斯坦、纽埃以及库克群岛数据缺失，故未纳入统计范畴。

　　资料来源：中国一带一路网。

　　从区域分布来看，中国在"一带一路"国家的主要进口来源地集中在亚洲，亚洲是中国在进口贸易方面产业共生关系最为紧密的区域，2013～2020 年中国从亚洲地区累计进口额占中国从"一带一路"国家进口总额的 70.67%；欧洲于 2014 年超越非洲成为中国第二大进口贸易市场，之后中国对其进口的贸易额迅速增长；虽然自 2016 年以来，中国从大洋洲和北美洲国家的进口贸易略有增长，但整体规模仍然相对较小，2013～2020 年中国从上述两个地区的累计进口贸易额分别为 964.83 亿美元和 234.09 亿美元，仅占从"一带一路"国家进口总额的 1.44% 和 0.35%。从产品类别来看，中国从"一带一路"国家进口的初级产品和工业制成品贸易规模接近，2013～2020 年的累计贸易额分别为 2.90 万亿美元和 3.82 万亿美元，占中国从"一带一路"国家总进口额的 43.09% 和 56.91% 。具体来说，中国从"一带一路"国家进口的产品主要分为机械和运输设备（SITC7）以及矿物燃料、润滑油和相关材料（SITC3）两类，2013～2020 年的累计进口贸易额均超过 1.5 万亿美元，其中，机械和运输设备产品的进口贸易额呈现明显上升趋势，而矿物燃料、润滑油和相关材料的进口贸易额则因大宗产品价格起伏和新冠肺炎疫情影响波动较大。饮料和烟草（SITC1）以及动植物油、油脂和蜡（SITC4）是中国从"一带一路"国家中进口贸易规模最小的两类产品，2013～2020 年的累计进口贸易额仅为 138.49 亿美元和 525.14 亿美元，与其他产品相比，贸易增长趋势稳定，没有明显波动。①

二、中国向"一带一路"国家出口的规模、国别与产品细分

从中国与"一带一路"国家的出口贸易来看，虽然受国际市场需求和大宗商品价格下降的影响，2015 年中国对"一带一路"国家的出口略有下降，但 2016 年后中国向沿线国家出口额持续大幅增长，2013～2020 年中国向"一带一路"国家累计出口总额高达 7.61 万亿美元，年均增长率为

---

① 资料来源：根据中华人民共和国海关总署网（http：//www.customs.gov.cn/）中海关统计月报数据整理所得。

4.03%，占中国向世界总出口额的40.57%。[1] 从具体贸易伙伴来看，韩国一直是中国在"一带一路"国家中最大的出口目的国，2013～2020年中国对韩国出口的贸易规模保持平稳增长，累计出口总额达0.82万亿美元。2020年中国向越南出口1138.14亿美元，越南首次超越韩国成为中国在"一带一路"国家中的第一大出口贸易伙伴（见表3.3）。除韩国和越南外，我国重要的出口贸易伙伴还有印度、新加坡、马来西亚、俄罗斯和泰国等国，2020年中国向这些国家出口额均超过500亿美元，中国向菲律宾、印度尼西亚、意大利和阿联酋等国出口额也超过300亿美元。观察2013～2020年中国向上述国家出口贸易额的变化过程可知，中国与韩国、越南、新加坡、马来西亚、俄罗斯、泰国和菲律宾等国的出口贸易呈现明显增长趋势，其中越南和菲律宾与中国在贸易方面的产业共生关系最为紧密，两国出口额的年平均增长率分别为12.93%和11.23%，增长最为显著。当然，与上述国家相比，中国和莱索托、塞舌尔、科摩罗、汤加、基里巴斯、多米尼克、密克罗尼西亚联邦、格林纳达和不丹等国的出口贸易关系则较为疏远，2020年向这些国家出口贸易额均不足6000万美元。[2]

---

① 资料来源：根据中国一带一路网（https://www.yidaiyilu.gov.cn/index.htm）中国与"一带一路"国家的双边贸易数据整理所得。

② 资料来源：中国一带一路网。

表 3.3　　2020 年中国向"一带一路"国家出口额排名前十位的国家

排名	国别	进口额（亿美元）	变化过程	排名	国别	进口额（亿美元）	变化过程
1	越南	1138.14	＋＋＋	6	俄罗斯	505.85	－＋＋
2	韩国	1125.04	＋＋＋	7	泰国	505.26	＋＋＋
3	印度	667.27	＋＋－	8	菲律宾	418.39	＋＋＋
4	新加坡	575.40	＋－＋	9	印度尼西亚	410.04	－＋＋
5	马来西亚	564.28	－－＋	10	意大利	329.37	＋＋＋

　　注：表格中的"＋""－"代表 2013～2015 年、2015～2017 年和 2017～2020 年中国向排名前十沿线国家出口金额的变化趋势，其中"＋"代表呈现上升趋势，"－"代表呈现下降趋势。巴勒斯坦、纽埃以及库克群岛数据缺失，故未纳入统计范畴。

　　资料来源：中国一带一路网。

　　从区域分布来看，亚洲地区是中国主要的出口目的地，2013～2020 年中国对亚洲国家的累计出口总额达 5.19 万亿美元，占中国向"一带一路"国家出口总额的 68.16%；欧洲和非洲地区分别以 15.70% 和 10.70% 的占比紧随其后，具体来看，中国对欧洲和非洲地区的出口贸易额自 2015 年以来一直保持着持续增长态势，不过后者的增长速度较为缓慢；中国对南美洲和北美洲出口的规模相对较小，2013～2016 年出口贸易额出现明显下降但近年来已经逐渐回升；中国对大洋洲地区的出口额虽一直保持平稳持续增长但总出口规模依然最小，2020 年中国向大洋洲地区国家的出口总额仅达 76.57 亿美元。从出口产品类型来看，中国向"一带一路"国家出口的产品主要集中在工业制成品上，2013～

2020 年中国与沿线国家的工业制成品出口贸易规模高达
7.16 万亿美元,占中国向"一带一路"国家出口总额的
94.00%。具体来看,机械和运输设备(SITC7)是中国与
"一带一路"国家贸易中最为主要的出口产品,2013~2020
年的累计出口金额为 3.12 万亿美元,近两倍高于位列第二
的主要以材料分类的制成品(SITC6)和位列第三的杂项制
品(SITC8)的出口贸易额。烟草和饮料(SITC1)以及动
植物油、油脂和蜡(SITC4)是中国向"一带一路"国家出
口规模最小的两类产品,2013~2020 年累计出口金额仅为
86.59 亿美元和 18.57 亿美元。①

第三节 中国对"一带一路"国家 OFDI 的规模与区域分布

一、中国对"一带一路"国家 OFDI 的规模

　　共生关系渗透于产业转移的整个过程,产业转移的过程
也是产业实现融合发展和互惠共生的过程,而国际直接投资
又是产业转移的重要途径之一,因此,国际直接投资在某种
层面上也能够反映产业共生关系。自"一带一路"倡议提

---

① 资料来源:根据中华人民共和国海关总署网(http://www.customs.gov.cn/)中海关统计月报数据整理所得。

出以来，中国对"一带一路"国家的直接投资金额年均增长率为 3.89%，于 2017 年达到最高值 289.94 亿美元，近年来，直接投资规模出现小幅收缩但投资结构有所优化。[①] 从中国对"一带一路"沿线各个国家直接投资流量的角度来看，2019 年中国对"一带一路"国家投资流量总金额为 239.72 亿美元，占中国对外直接投资流量总额的 17.51%。具体来看，如表 3.4 所示，新加坡是我国最大的对外投资目的国，中国对其直接投资流量长期位列"一带一路"沿线各国首位，2019 年中国对新加坡直接投资金额高达 48.26 亿美元，是对位列第二的印度尼西亚投资金额的 2 倍有余。除上述两国外，越南、泰国、阿联酋、老挝和马来西亚等国也是中国重要的对外投资目的国，中国对其直接投资金额均在 10 亿美元以上，我国对刚果（金）共和国、伊拉克、哈萨克斯坦等国的直接投资金额也均超过 7.5 亿美元。观察 2013 ~ 2019 年我国对上述国家直接投资流量的变化过程可知，中国对上述 10 个"一带一路"国家的直接投资增减变化不一。具体来说，近年来我国对印度尼西亚、越南、阿联酋和刚果（金）共和国等国的对外直接投资流量呈现明显的扩张趋势，产业共生关系日益密切。另外，与 2018 年相比，中国不断加大对泰国、伊拉克和哈萨克斯坦等国的对外直接

---

① 资料来源：根据历年《中国对外直接投资统计公报》整理所得。

投资,其中对伊拉克的直接投资额度增长最大,比 2018 年的
对外直接投资金额高出 8 亿多美元,对新加坡、老挝和马来
西亚等国的直接投资金额有所减少,其中新加坡的下跌幅度
较为显著,相比 2018 年对新加坡的直接投资下降了约 15.86
亿美元,而老挝和马来西亚降幅变化不大,相比 2018 年的
直接投资金额分别下降了 0.93 亿美元和 5.53 亿美元。此
外,我国 2013～2019 年对格林纳达、立陶宛、阿尔巴尼亚、
汤加、佛得角和科摩罗等国的直接投资相对较少,累计投资
金额不超过 0.1 亿美元,对黎巴嫩、安提瓜和巴布达、莱索
托、多米尼克、巴勒斯坦、多米尼加和所罗门群岛等的直接
投资金额极少,2013～2019 年的累计投资金额不超过 0.01
亿美元,产业共生水平也相对较低。

表 3.4 2019 年中国对"一带一路"国家 OFDI 流量排名前十位的国家

排名	国别	对外直接投资流量(亿美元)	变化过程	排名	国别	对外直接投资流量(亿美元)	变化过程
1	新加坡	48.26	＋ － －	6	老挝	11.49	－ ＋ －
2	印度尼西亚	22.23	－ ＋ ＋	7	马来西亚	11.10	－ ＋ －
3	越南	16.49	＋ ＋ ＋	8	刚果(金)	9.31	＋ ＋ ＋
4	泰国	13.72	－ ＋ ＋	9	伊拉克	8.88	－ ＋ －
5	阿联酋	12.07	＋ － ＋	10	哈萨克斯坦	7.86	－ － ＋

注:表格中的"＋""－"代表 2013～2015 年、2015～2017 年和 2017～2019
年中国对外直接投资流量的变化趋势,其中"＋"代表呈现上升趋势,"－"代表
呈现下降趋势。索马里、不丹、摩尔多瓦、纽埃以及萨尔瓦多数据空缺,故未纳
入统计范畴。

资料来源:根据 2019 年《中国对外直接投资统计公报》整理得到。

二、中国对"一带一路"国家 OFDI 的区域分布

在"一带一路"倡议背景下，中国对沿线国家的对外直接投资行为不仅可为中国提供充分发挥资本优势、技术优势、产业优势的平台，也可为沿线国家提供资本支持和技术支持来实现产业结构升级以及跨越式发展，有利于促使中国与"一带一路"国家间的产业共生关系日趋密切。从中国对"一带一路"国家直接投资的区域分布来看，亚洲地区是中国最主要的投资目的地，2013 ～ 2019 年我国对亚洲地区的累计直接投资总额最高，合计达 1115 亿美元，占我国对沿线六大区域对外直接投资总流量的 70.32%。中国在北美洲地区的对外直接投资流量数额最低，累计总额为 12.90 亿美元，占比仅达 0.81%。从 2013 ～ 2019 年中国对"一带一路"沿线各区域的对外直接投资流量变化情况可以看出（见表 3.5），我国对各区域的对外直接投资流量普遍呈现波浪式的发展态势。具体而言，2013 ～ 2019 年中国对亚洲地区直接投资规模持续扩大，产业共生水平日渐提升。中国对南美洲地区的直接投资金额与 2018 年相比有所上升，对欧洲、非洲、大洋洲和北美洲地区的直接投资金额则在经历一段时期增长后，于 2018 年出现不同程度下跌，其中大洋洲和北美洲的下降幅度较小而欧洲和非洲的下跌幅度较明显，

这与我国近年来的对外直接投资区位变化和投资结构优化有关。

表 3.5　　2013～2019 年中国对"一带一路"OFDI 流量（按区域分）

单位：亿美元

地区	2013 年	2014 年	2015 年	2016 年	2017 年	2018 年	2019 年
亚洲地区	117.18	131.36	169.95	148.20	186.79	172.72	188.91
非洲地区	32.95	29.59	28.11	22.54	40.22	51.54	26.18
欧洲地区	25.62	56.47	-80.64	41.76	48.89	45.45	18.19
南美洲地区	11.11	3.28	3.22	3.77	3.76	7.14	7.63
大洋洲地区	2.14	2.87	5.25	10.22	8.55	2.24	-0.23
北美洲地区	1.71	1.28	0.79	4.84	1.73	3.51	-0.95

注：六大区域中有个别国家的部分数据缺失，故缺失数据的部分未纳入统计范畴，主要包括黎巴嫩、安提瓜和巴布达、莱索托、多米尼克、巴勒斯坦、多米尼加、所罗门群岛、索马里、不丹、摩尔多瓦、纽埃、萨尔瓦多、库克群岛等国家。

资料来源：根据历年《中国对外直接投资统计公报》整理得到。

我国对亚洲地区的对外直接投资流量在 2013～2019 年的 7 年时间里始终位列第一，而东盟国家作为该地区的重要组成部分，中国历年来在这些国家的直接投资金额占比基本均维持在 60% 以上，由此可见，东盟在中国与亚洲地区国家的产业合作中占据着至关重要的地位。2013～2019 年中国对东盟的直接投资主要分布于制造业，租赁和商务服务业，批发和零售业，电力、热力、燃气及水生产和供应业，建筑业，采矿业，金融业，农、林、牧、渔业等行业，表

3.6 显示了上述行业的直接投资流量及变化过程。由表 3.6
可知，2013～2019 年中国对东盟大多数行业的对外直接投
资流量均呈现波动状态，但中国对制造业的对外直接投资金
额却持续大幅上升，2019 年我国对上述行业的对外直接投
资存量均超过 50 亿美元，对上述行业的对外直接投资流量
基本均超过 4 亿美元，产业共生水平较高。相较而言，我国
对东盟地区的房地产、教育、卫生和社会工作等行业的直接
投资极少，2019 年中国在以上三个行业的对外投资流量不
足 0.5 亿美元，产业共生水平较低。

表 3.6 2013～2019 年中国对东盟主要行业直接投资流量及变化过程

单位：亿美元

行业	2013 年	2019 年	变化过程
制造业	11.89	56.71	+ + +
租赁和商务服务业	6.21	11.89	+ - -
批发和零售业	12.34	22.69	+ + -
电力、热力、燃气及水生产和供应业	8.22	8.98	- + +
建筑业	6.99	4.74	- + -
采矿业	12.34	- 0.53	- + -
金融业	5.42	7.96	+ - +
农、林、牧、渔业	5.43	5.64	+ -

注："+""-"代表 2013～2015 年、2015～2017 年和 2017～2019 年中国对
外直接投资流量的变化趋势，其中"+"代表呈现上升趋势，"-"代表呈现下降
趋势。

资料来源：根据历年《中国对外直接投资统计公报》整理得到。

第四节　"一带一路"国家对中国 FDI 的
规模与区域分布

一、"一带一路"国家对中国 FDI 的规模

外商直接投资是各国扩大技术输出和加强产业合作的重要引擎之一，它不仅可以为共生单元提供充分发挥产业互补效应和产业协同效应的平台，也可以在一定程度上反映共生单元间的产业共生关系。从"一带一路"各国对中国的外商直接投资流量的角度来看，2019 年沿线国家对我国 FDI 流量排名前十位的国家如表 3.7 所示。新加坡和韩国对我国的外商直接投资金额分别为 75.91 亿美元和 55.38 亿美元，合同项目数分别为 1242 个和 2108 个，并且，这两个国家的外商直接投资实际发生额和外商直接投资合同项目数都明显高于其他沿线国家，由此可见，相较于其他沿线国家，以上两国与我国之间的产业共生关系尤为密切。其他八个国家的外商直接投资金额均在 20 亿美元之下，其中，马来西亚对我国的直接投资金额虽然仅 0.70 亿美元，其直接投资合同项目数却高达 508 个。意大利同样较为突出，外商直接投资金额只有 1.92 亿美元，但其合同

项目数量却接近 300 个。卢森堡对我国的外商直接投资合同项目数虽然只有 28 个，但其直接投资规模却达 3.32 亿美元。观察上述国家在 2013 ~ 2019 年对我国外商直接投资规模的变化过程，可以看出，近年来韩国、奥地利、泰国和柬埔寨等国对我国的直接投资有较为明显的扩张趋势，萨摩亚、卢森堡、塞舌尔和意大利四国对我国的直接投资金额虽然有所下降但幅度较小，新加坡对我国的直接投资金额在 62.24 亿美元上下呈波浪式起伏状态波动，马来西亚则在 2015 年达到 4.80 亿美元的最高值后出现明显下跌。与上述国家相比，马里、厄瓜多尔、喀麦隆、几内亚和埃塞俄比亚等国多年来对我国的外商直接投资金额均不足 10 万美元，投资规模相对较小，产业共生水平相对较低。

表 3.7　2019 年"一带一路"国家对中国 FDI 流量排名前十位的国家

排名	国别	外商直接投资实际发生额（亿美元）	外商直接投资合同项目数（个）	变化过程
1	新加坡	75.91	1242	－ － ＋
2	韩国	55.38	2108	＋ － ＋
3	萨摩亚	11.92	197	＋ － －
4	卢森堡	3.32	28	＋ － －
5	奥地利	2.99	65	－ ＋ ＋
6	塞舌尔	1.93	136	－ － －
7	意大利	1.92	294	－ － ＋
8	泰国	1.06	128	－ ＋ －

排名	国别	外商直接投资 实际发生额 （亿美元）	外商直接投资 合同项目数 （个）	变化过程
9	马来西亚	0.70	508	+ － －
10	柬埔寨	0.56	13	－ + +

注：表格中的"＋""－"代表 2013～2015 年、2015～2017 年和 2017～2019 年上述国家对中国直接投资流量的变化趋势，其中"＋"代表呈现上升趋势，"－"代表呈现下降趋势。克罗地亚、立陶宛、北马其顿、马耳他、玻利维亚、乌拉圭、委内瑞拉、哥斯达黎加、多米尼加、安提瓜和巴布达、多米尼克、古巴等国的数据空缺，故未纳入统计范畴。

资料来源：根据中国国家统计局、中国商务部数据整理得到。

二、"一带一路" 国家对中国 FDI 的区域分布

外商直接投资对于推动共生联盟产业共赢发展和共生项目稳健落地具有重大意义，是共生单元实现产业联动发展和共生发展的重要载体之一。从"一带一路"沿线六大区域对中国的外商直接投资规模来看，亚洲地区对我国的直接投资规模均远高于其他区域，且近年来呈现出明显的扩张趋势，可见我国与亚洲地区的产业共生水平较高且日益强化；欧洲和大洋洲地区紧随其后，尽管在 2013～2019 年欧洲和大洋洲对中国的直接投资金额有较大幅度变化但总体仍维持在某一水平区间波动；非洲、北美洲和南美洲三个区域对中国的外商直接投资金额较小且呈现小幅收缩趋势，而南美洲地区对华直接投资规模最小，2019 年对中国的外商直接投

资金额不足 200 万美元。从沿线区域对我国的外商直接投资合同项目数量来看，亚洲地区同样长期位居六大区域之首且远高于其他区域，2013～2019 年，亚洲地区的合同项目数持续大幅增长，相比于 2013 年，2019 年的合同项目数量增加了一倍有余，2019 年亚洲地区对中国直接投资的合同项目数高达 6955 个，占"一带一路"总合同项目数的 65.51%；非洲和欧洲地区对中国的外商直接投资合同项目数同样在2013～2019 年出现高速增长，尤其是非洲地区在 2015 年后超越欧洲成为第二大合同项目投资国，欧洲地区则紧随其后，2019 年上述两个区域对中国的外商直接投资合同项目数均超过 1000 个；除大洋洲地区的对华直接投资合同项目数量出现小幅度下跌外，南美洲和北美洲地区的对华直接投资合同项目数量在 2013～2019 年均保持平稳增长，其中北美洲地区的合同项目数量最少，七年间累计总额不超过 200个。2019 年"一带一路"国家对我国 FDI 流量（按区域分）如表 3.8 所示。

表 3.8　2019 年"一带一路"国家对我国 FDI 流量（按区域分）

地区	外商直接投资实际发生额		外商直接投资合同项目数	
	2019 年（亿美元）	变动过程	2019 年（个）	变动过程
亚洲地区	135.39	+ － +	6599	＋ ＋ ＋
非洲地区	2.02	－ ＋ －	1630	＋ ＋ ＋

地区	外商直接投资实际发生额		外商直接投资合同项目数	
	2019 年（亿美元）	变动过程	2019 年（个）	变动过程
欧洲地区	9.56	＋ － －	1397	＋ ＋ ＋
大洋洲地区	12.38	＋ － －	311	－ － －
南美洲地区	0.02	－ ＋ －	98	＋ ＋ ＋
北美洲地区	0.30	－ ＋ －	38	＋ ＋ ＋

注：表格中的"＋""－"代表 2013~2015 年、2015~2017 年和 2017~2019 年六大区域对中国直接投资流量和外商直接投资合同项目的变化趋势，其中"＋"代表呈现上升趋势，"－"代表呈现下降趋势。六大区域中有部分国家的部分数据缺失，故数据缺失的部分未纳入统计范畴，主要包括科特迪瓦、索马里、南苏丹、莫桑比克、加蓬、毛里塔尼亚、吉布提、乍得、布隆迪、佛得角、多哥、卢旺达、马达加斯加、莱索托、科摩罗、贝宁、尼日尔、刚果（金）、东帝汶、马尔代夫、阿塞拜疆、格鲁吉亚、吉尔吉斯斯坦、土库曼斯坦、不丹、塞尔维亚、阿尔巴尼亚、波黑、黑山、北马其顿、摩尔多瓦等国家。

资料来源：根据中国国家统计局、中国商务部数据整理得到。

第四章 中国与"一带一路"国家间产业转移的共生机理

深刻剖析产业共生关系对产业转移的影响机理，构建国际产业转移的共生理论分析框架，为中国与"一带一路"国家间产业转移模式创新研究奠定理论基础。本章将从互惠共生的目标出发，主要讨论以下四个方面的内容：（1）产业共生关系对产业转移动力的影响机理；（2）产业共生关系对产业转移演进的影响机理；（3）产业共生关系对产业转移效应的影响机理；（4）产业共生关系对产业转移模式的影响机理。

第一节 产业共生关系对产业转移动力的影响机理

参照学者袁纯清对共生单元行为模式的划分标准，本节从能量分配的角度进行剖析,认为寄生型、偏利共生型、非对称互惠共生型和对称互惠共生型等四种不同共生模式下的产业共生关系对产业转移动力的作用机理各不相同(袁纯清,1998[①];康佳妮,2020[②]),具体如表4.1所示。

表4.1 不同产业共生关系下产业转承单元的能量分配模式

产业共生模式	能量状态	产业承接单元独立能力	产业承接单元地位	收益分配	产业共生单元演进过程	共生动力
寄生	(+,-)	无法独立	完全被动	极不平等	差异式演进	被迫依存
偏利共生	(+,0)	独立不利于壮大发展	被动合作	差异显著	非对等式演进	依存共生
非对称互惠共生	(+,+)	实力相近,独立能力较强	较平等的互惠合作	较为对等	接近同步演进	双向激励
对称互惠共生	(+,+)	实力相当,独立能力极强	完全平等的互惠合作	完全对等	完全同步演进	互为激励稳态共生

在寄生模式下,产业转承单元之间的能量状态为(+,-),该状态下,产业承接方独立生存的能力极差,在共生系统中处于完全被动的地位,即共生单元中的一方必须依附于另一共生单元生存,这种关系就类似于生物学领域中宿主与寄生

① 袁纯清. 共生理论及其对小型经济的应用研究(上)[J]. 改革,1998(2):100-104.
② 康佳妮. 产业共生关系对产业转移的影响机理及博弈解释——基于中国与"一带一路"国家间的研究[D]. 湘潭:湖南科技大学,2020.

物之间的关系,处于"寄生物"地位的共生单元不产生任何能量,甚至必须消耗"宿主"所产生的部分能量,以维持自我的生存。此外,产业转出单元与产业承接单元的收益分配也极为不平等,双方处于差异式演进状态,产业转出单元作为共生联盟中的唯一演进者,寄生单元被迫依存是维系转承关系的主要动力。

在偏利共生模式下,产业转承单元之间的能量状态为(+,0),即共生单元之中只有一方会产生能量,而另一方不产生能量。产业承接单元在该状态下的独立性依然较差,不利于自身壮大发展,在共生系统中处于较为被动的地位,需要选择与产业转出单元依存共生的方式来维系双方间的转承关系。另外,产业承接单元与产业转出单元的所得收益也存在显著差异,双方呈现出非对等式的演进,产业转出单元是共生联盟中的主要演进者。

在非对称互惠共生模式下,产业转出单元和产业承接单元之间的能量状态为(+,+),这说明共生联盟中的各共生单元都具备孕育能量的能力,只是这种能力存在差异,所孕育的能量规模也不对等。相对于寄生和偏利共生模式而言,非对称互惠共生模式下的共生单元都具有一定的技术基础、创新实力和研发能力,彼此之间实力相近,独立能力也较强,收益分配差距明显缩小,产业转出单元与产业承接单元在共生系统中实现了较平等的互惠合作,产业转承单元间只存在细微的差别，演进过程接近同步，双向激励是维系转承关系的关键动力。

在对称互惠共生模式下，产业转出单元和产业承接单元之间的能量状态为（＋，＋），即共生联盟中的共生单元都具备孕育能量的能力，且二者势均力敌、实力相当，收益分配和所孕育的能量规模完全对等，产业转承单元在共生系统中可以实现完全平等的互惠合作。另外，产业转承单元之间没有任何差别，产业转出单元和产业承接单元通过互为激励即可以实现完全同步的演进，这既是维系转承关系的核心动力，也是联盟实现稳态共生的根本原因。

综上所述，第一种产业共生模式到第四种产业共生模式的演变过程既是产业转承单元能量状态趋于均衡化的过程，是独立能力、自身实力、收益分配等趋于对等的过程，也是产业转移动力由被迫依存向互为激励转化和产业共生联盟逐步向稳态共生演进的过程。

第二节　产业共生关系对产业转移演进的影响机理

在生物圈中，受共生关系的影响，个体生物的空间移动将带动生物群落在空间上的移动，最终形成"点共生→线性共生→网络共生"的进化过程。同样,受产业共生关系的影响,主导产业的空间位移也会带动整个产业链条发生空间位移,最终在联盟内部形成多个共生产业相互交织、紧密相关的产业共生网络,具体如图 4.1 所示。

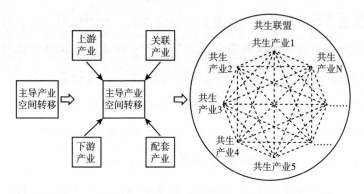

图 4.1　产业共生关系对产业转移演进过程的影响

共生关系对产业转移演进过程的作用机理具体体现为:某个共生单元率先将其主导产业向承接单元进行转移,紧接着在"示范效应"和"共生效应"的作用下,与主导产业关联较强的一些产业会随之进行转移,这些产业之间相互合作,由此步入点共生和线共生时期。该时期,率先发生空间移动的产业为保证生产生活的顺利进行,会主动在产业承接单元内寻找合作伙伴,以便暂时补齐产业链条环节的缺口。然而,这些联盟内的产业只是偶尔进行短期合作,共生关系尚未达到稳定状态,共生界面的稳定性也较差。当主导产业及其关联产业在承接地站稳脚跟并取得一定效益之后,与之纵向关联的上、下游产业和与之横向关联的配套产业将逐步嵌入产业空间移动的"队伍"之中，此时，产业转移的规模得到了扩充，共生产业链条实现了持续发展，线共生时期过渡到面共生时期。随着其他配套产业陆续跟随转移并逐步嵌入产业集群内，共生集团的链条缺口几乎被全部弥补，共生关系带来的集聚效应和分工合作产生的收益效应更加显著，各产业单元之间的共生关系趋于稳定，在共生联盟内交互作用，步入网络共生时期。各共生产业单元在该时期分别处于不同的价值模块，各自在其业务模块弹性专精，拥有明晰化、合理化、专业化的职能分工，为技术创新奠定了坚实的基础。在联盟内部，各共生单元在共同利益的导向下彼此融合、彼此联动、携手进化，其中，契约关系和资本联系是使得产业共生单元各项业务模块产生经济联系的重要纽带，而稳健的共生关系网络是使得产业单元之间交易匹配、供求匹配和运作匹配更高效的基本保障。从全球范围的竞合关系和共生关系来看，如果把每个产业转出国都视作单个共生单元，那么共生单元在非互惠共生产业转移模式下的竞争主要是个体水平竞争或者产业价值链位置的竞争，而"一带一路"倡议下的产业转移模式与上述产业转移模式存在显著差异。中国与"一带一路"国家间的产业转移模式基于联盟内部各共生单元之间的产业共生联系，这种联系不仅体现着产业融合、产业协同发展、产业齐步发展等理念，还囊括了区域共生、管理共生、文化共生、环境共生、利益共生等内涵，它强调的是联盟区域功能的重塑和联盟整体实力的提升。在产业共生关系的影响下，联盟中产业转移向着网络式形态演进，并以此实现全体共生单元经济的跨越式发展。

第三节　产业共生关系对产业转移效应的影响机理

作为共生联盟中的共生单元，产业转出单元与产业承接单元在特定的共生环境中相互交往和关联，呈现出不同的共生关系，并将产业共生关系贯穿于产业转移的整个过程，其对产业转移效应的作用机理如图 4.2 所示。

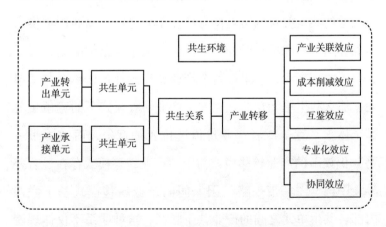

图 4.2　产业共生关系影响产业转移效应的机理

第一，共生关系带来了产业关联效应。在共生关系的作用下，产业转移不再只体现为单一共生单元的空间位移，其横向关联产业和纵向关联产业都会逐渐加入空间位移的行列，在此过程中共生联盟规模逐步壮大，产业链条和产业网络不断完善，整体抗风险能力和研发实力得到有效巩固。

第二，共生关系带来了成本削减效应。一方面，受共生关系的影响和制约，各共生单元逐渐向产业承接地转移和集聚，产业集聚的形成和发展提高了共生单元的协作效率，使运输成本、交易成本和生产经营成本等显著降低。另一方面，联盟内部的共生单元互相对彼此的发展情况较为了解，部分共生单元还会通过共享内部资源的方式，彼此间达成长期稳定的共生合作，这不仅节约了寻找非定向合作伙伴的时间与谈判成本，也节约了信息不对称导致的信息搜集成本。

第三，共生关系带来了互鉴效应。共生关系的存在意味着产业转移的过程伴随着一定程度的合作和非完全竞争，在产业转移的过程中，共生单元往往需要共享知识、技术、信息等资源，并通过吸收、利用、借鉴其他单元的成果，为创新发展奠定基础，进而实现共生联盟的稳态发展要求。这一轮的互鉴成果获得者下一轮也可能成为互鉴开拓者，可见，共生关系为联盟内部带来了互鉴效应。

第四，共生关系带来了专业化效应。共生单元的合理化布局和专业化分工是维系共生联盟长久、稳定发展的重要保障,以共生为基础的产业转移要求各共生单元充分发挥自身在专业化领域的优势,促进各专业化环节的深度融合和产业链条的高效整合。同时专业化效应使共生单元能迅速熟悉和掌握所属的产业环节,为各共生单元实现"术业专攻"和突破创新提供机会。

第五,共生关系带来了协同效应。产业转出单元与产业承接单元的共生关系使其不再将竞争作为主要的生存手段,去进行盲目的、粗犷式的产业转移,而是从宏观视角出发,在共生共荣发展宗旨的指导下,通过共生单元间的良性互动来进行区域产业差异化定位和合理匹配,以促进产业的高级化演变,并最终发挥出强大的协同效应,为共生联盟内形成规模经济和进一步提升整体实力提供可能。具体体现为各共生单元通过构建结构协同制度、信任协同制度、管理协同制度、利益协同制度、激励协同制度等齐力引导产业转移和产业对接,确保共生单元的跨区域产业重组与本土比较优势充分匹配。

第四节　产业共生关系对产业转移模式的影响机理

共生单元交互作用形成不同的共生关系,共生联盟内资源共享情况不尽相同，依据资源共享程度，可以将产业转移划分为资源分离型产业转移、资源跨区域重组型产业转移和资源共享型产业转移三大类，三类产业转移类型的资源共享程度逐渐扩大。以三个共生单元组成的产业联盟为例，上述产业转移类型如图4.3所示，图中箭头代表各单元之间的共生关联。如果联盟内各共生单元之间资源共享程度极低，资源被严格管控在共生单元内部，互相之间没有任何交集，则共生单元之间所形成的是资源分离型产业转移；如果各共生单元之间资源共享程度较高，共生单元允许部分资源按照既定规则在联盟内部自由流动，则共生单元之间所形成的是资源跨区域重组型产业转移；如果各共生单元之间资源共享程度极高，共生单元允许本区域全部资源按照既定规则在联盟内部充分流动，则共生单元之间所形成的是资源共享型产业转移。产业转移和共生关系的演进和发展过程既有合作也有竞争，在这一过程中，如果合作关系占据主导地位，则共生单元之间多数会形成资源跨区域重组型产业转移或资源共享型产业转移；如果竞争关系占据主导地位，则共生单元之间多数会形成资源分离型产业转移。例如，发达国家作为产业转出国，在产业转移的过程中会选择将劣势产业迁出本土区域，但为防止承接国经济崛起后对其产生威胁，通常会对核心资源和关键技术进行严格把控，承接国在这一过程中只是充当了低端"制造车间"的角色。

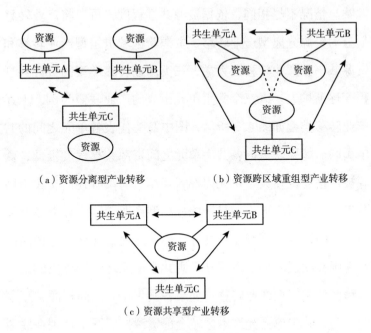

（a）资源分离型产业转移　　　　　（b）资源跨区域重组型产业转移

（c）资源共享型产业转移

图4.3　不同产业共生关系下的产业转移

　　产业联盟中的各个产业之间搭建的关系，会演化形成不同的产业共生关系，对产业转移模式选择产生不同的作用效果，不同的产业转移模式包含不同的产业转移类型，产业共生关系对产业转移模式选择的影响机理如图4.4所示，图中的箭头代表作用方向。在寄生关系和偏利共生关系的影响下，产业转出单元处于绝对优势地位，其进化速度和发展速度要明显优于产业承接单元，此外，产业转出单元与产业承接单元之间的独立能力较差，双方利益分配极为不对等，联盟内产业转移模式主要体现为非互惠共生产业转移模式；在非对称互惠共生关系和对称互惠共生关系的影响下，产业转出单元与产业承接单元处于较为对等的地位，二者进化速度和发展速度相对同步，独立能力相对较强，利益分配也相对平等，联盟内产业转移模式主要体现为互惠共生产业转移模式。一般情况下，非互惠共生产业转移模式普遍形成的是资源分离型或资源跨区域重组型产业转移，而互惠共生产业转移模式普遍形成的是资源跨区域重组型或资源共享型产业转移，显然，共生联盟在第二种产业转移模式下的资源共享程度要高于第一种。联盟中的共生单元是彼此独立的个体，其资源禀赋具有异质性的特点，共生关系为共生单元在产业转移过程中彼此扶持、互相协作提供了可能，资源共享、资源流通为充分发挥互补效应和突破区域资源约束奠定了基础。随着国际合作规模日益扩大，共生、融合、协作、共享等理念逐渐渗透于我国与沿线各国的产业合作中，以竞争为主导的非互惠共生产业转移模式不再适用，以资源跨区域重组和资源共享为主导的互惠共生产业转移模式成为共生联盟内主要的合作模式。通过信息平台资源共享、产业对接战略共享、知识技术共享等行为，有效拉近了产业转承单元的共生联系，优化了产业转承单元之间的合作模式，同时为各共生单元实现价值共创以及经济均衡化发展提供了可能。

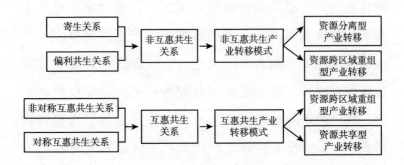

图 4.4 不同产业共生关系对产业转移模式的影响

第五章 中国与"一带一路"国家间产业转移的模式创新

在互惠共生目标下，中国与"一带一路"国家间产业转移必然不会复制过往的传统模式，必须进行创新。本章将主要讨论以下三个方面的内容：（1）判别传统的国际产业转移模式在中国与"一带一路"国家间产业转移中的适用性和合理性；（2）不同共生关系产业转移模式下转出国与承接国间动态博弈分析，进一步阐明中国与"一带一路"国家间产业转移为什么要进行模式创新；（3）以湖南工程机械产业为例，阐释中国与"一带一路"国家间产业转移模式选择与创新。

第一节 国际产业转移的主要模式
及其适用性分析

一、国际产业转移的五次浪潮

第一次国际大分工起源于 18 世纪中叶的产业革命，发达国家与发展中国家、工业国与农业国之间实现了产业分化。此后，国际经济分化随着第二、第三次产业革命的推进日益明显，产业结构不断发生变化。20 世纪 50～90 年代，发达国家为调整产业结构，通过直接投资、对外贸易等方式将产业转移到发展中国家，前后在全球范围内掀起四次产业转移浪潮，每一次都加速了国际产业转移承接国的工业化进程，且参与国和转移内容各异，逐步形成跨越式、范围大、复线型产业转移进程。21 世纪 10 年代国际金融危机后，国际产业转移进入了一个新的历史时期，第五次国际产业转移浪潮在中国与欧美日等发达国家以及东南亚等发展中国家之间展开。至今，全球已经历四次国际产业转移浪潮并正处在第五次国际产业转移中（见表 5.1），20 世纪 80 年代以前，大规模国际产业转移主要集中在发达国家向发展中国家进行单向、同类产业的整体梯度转移，而随后发展为相互既独立又关联的产业链条转移。

表 5.1 　　　　　　　　**国际产业转移浪潮比较**

产业转移浪潮	起始时间	主要转移国家和地区		主要转移产业
		输出地	输入地	
第一次	18 世纪末	英国	欧洲大陆、美国	资本密集型产业
		美国	日本	
第二次	20 世纪60 年代	美国、日本	亚洲"四小龙"	劳动密集型、部分资本密集型产业
第三次	20 世纪70 年代	美国、日本、亚洲"四小龙"	东盟四国	劳动密集型产业
第四次	20 世纪90 年代	美国、日本、亚洲"四小龙"	东盟四国、中国大陆	劳动密集、部分资本、低技术密集型产业
第五次	21 世纪10 年代	中国大陆	东南亚国家、欧美国家	劳动密集型低端产业、部分高端产业

资料来源：本书整理得到。

（一）第一次国际产业转移浪潮

第一次国际产业转移浪潮发生在第一次科技革命后期的18 世纪末 19 世纪上半叶，产业转移路径是从英国向欧洲大陆和美国、从美国向日本转移。随着英国产业高度发展，国内产业成本逐渐升高，市场容量矛盾日益突出，英国逐渐对外进行产业转移，开启了第一次国际性的科技与产业转移浪潮，输入国主要是法国、德国等欧洲大陆国家及北美国家。20 世纪 50 年代，相比其他国家，战后的美国通过军事技术民用化手段，科技发达程度和产业发展水平均较高，且随着要素成本持续攀升，向其他国家进行产业空间输出的需求日益显现，从而率先进行了产业调整升级，萌发了以新型材料、新能源、电子计算机等为标志的新技术革命，将纺织、钢铁等部分传统制造业通过直接投资方式转移到正处于经济恢复期的日、德等国。美国和日本均在这次国际产业转移中受益。对美国而言，汽车、航天等资本密集型重化工业得到发展，并通过海外投资和资本、技术输出扶植了日本等工业发展水平中等国家。对日本而言，凭借相对低廉的劳动力成本等优势，通过引进美国先进设备和技术大力发展纤维、食品等出口导向型工业以积累资本，同时扶植面向国内市场的钢铁、化工、部分耐用消费品等进口替代工业以适应国内由于扩大生产对生产设备的需求，从而推动了出口贸易的显著增长以及产业结构的快速升级。

（二）第二次国际产业转移浪潮

第二次国际产业转移浪潮出现于第二次世界大战以后的 20 世纪 60 年代中后期，产业转移路径从美国、日本向亚洲"四小龙"转移。处在较低经济发展梯度中的大部分亚洲国家和地区成为主要的产业承接目标地，美国、德国、日本等发达国家则为推动自身产业升级，逐渐地将本国的劳动密集型产业转移给上述目标地，将资本密集型产业和科技密集型产业等确定为本国培育的核心领域，如钢铁、航空航天、生物医药、石油化工等行业。具体来看，美、日、德等发达国家都在新技术革命中加速实现了产业升级，其中日本逐渐充当了东亚各国产业转移与传递的重要发源地，并促进了东亚各国产业结构调整与连锁型变化，最后形成了以日本为雁首的"日本—东盟国家和地区"雁形经济发展模式。一方面，美国和日本积极发展精细化工、精密机械等出口导向型资本密集型产业，以及电子工业、航天工业等进口替代型技术、资本密集型产业。而传统纺织等劳动密集型行业则因高污染、无法承受薪资高增长的现实，逐步被转移到东亚、拉丁美洲等新型工业化国家。另一方面，由于亚洲"四小龙"拥有人才、地理位置等方面的资源优势以及较完善的轻工业基础设施，成为美国与日本劳动密集型传统产业转移的理想选择。但随着亚洲"四小龙"劳动密集型轻纺产业，通过第一次国际产业转移浪潮的进口替代而获得了迅速发展，再加上劳工的劳动素质高和价格低廉在国际上拥有绝对比较优势，这些国家或地区在这次的全球工业调整中转向发展纺织品、杂货等出口导向型轻纺产业。同时，韩国和中国台湾积极抓住国际市场机遇，积极扶植发展了包括钢铁、家电等进口替代型重化工业，东盟主要国家也开始进行以满足国内需求为主的进口替代型产业结构调整，提升国际竞争力。

（三）第三次国际产业转移浪潮

第三次国际产业转移浪潮主要发生在 20 世纪 70 ~ 80 年代的东亚国家和地区之间，这次国际产业转移是由日本政府直接主导，日本已经发展成为第三次国际产业转移主要的产业输出国，引领了东亚产业快速崛起的"雁阵飞翔"，而亚洲"四小龙"正是这次国际产业转移的主要承接地，催生了亚洲"四小龙"实现年均经济增长率较高的奇迹。具体而言，西方工业发达国家的重化工产业由于两次"石油危机"和全球性经济危机爆发事件而受挫，开始大力发展新能源、微电子等高附加值科学技术密集型产业，将一部分钢铁、汽车、造船等高能耗粗放型的重化工产业向国外转移。同时，亚洲"四小龙"由于其一方面廉价劳动力优势因经济快速增长而受到弱化，另一方面发达国家对于轻纺行业产品实施了进口限额政策，亟须针对这一状况进行产业结构调整。故亚洲"四小龙"紧紧抓住这次产业结构调整与转移的重要机遇，不仅大力地承接与发展美国、日本等发达国家诸如钢铁、造船等资本密集型与技术密集型产业，还将一些诸如玩具、服饰等劳动密集型产业转移至东盟四国。东盟四国也积极地进行此次产业结构的调整，使得劳动密集型轻纺产业在国际上得到了长足的发展，具体地，马来西亚和泰国都带头将其轻纺工业扶植为一批以出口为主导的重点工业以便于实现新型工业化发展的战略性转换，菲律宾和印度尼西亚随后也都实现了进口替代向出口导向的战略性转换。东亚各个国家和地区最终形成了以"雁首"日本、"雁身"亚洲"四小龙"、"雁尾"东盟四个主要成员国为"雁形"的产业转移模式，日本步入了经济保持稳定增长的关键时期，亚洲"四小龙"也跻身于新型工业化国家和地区的行列。

（四）第四次国际产业转移浪潮

第四次国际产业转移浪潮主要发生在 20 世纪 90 年代石油等重要初级产品市场价格大幅骤降的严峻国际形势下，产业转移主要输出地不仅包括日本，还有亚洲"四小龙"、美国，产业承接地既有东盟四国，也有中国。而且，中国发展成为了第四次国际产业转移的最大承接地，全球制造业向中国进行快速转移，正因为如此，中国发展成为一个名副其实的国际化现代制造业基地。具体而言，以亚洲市场为主要发展中心的大规模技术生产研发基地正在向海外市场进行转移，转移产业包括附加值较高的轻纺工业以及汽车、电子等资本、技术密集型工业。由于当时日元大幅度升值而美元贬值，日本一方面加快了对于创造性科学技术、知识密集型产品的开发和海外直接投资的步伐，并通过利用微电子最新技术来改造其原有的传统产业，试图使其在高科学技术产业的各个领域能够与美国进行竞争；另一方面把失去了比较优势的资本、劳动密集型和低附加值技术密集型产业向国外转移。面对西方外贸保护主义加强、海外市场竞争激烈等挑战，亚洲"四小龙"率先抓住国际机遇，积极承接了部分美国和日本转出产业，并逐步把传统劳动密集型产业转入东盟、中国等。随后，中国的东部沿海地区尤其是珠三角、长三角地区和环渤海湾凭借已有的聚集效应和逐步完善的投资环境，再一次成为了全球加工贸易中心和承接全球产业转移的主力。东盟四国也充分利用丰富的资源和廉价的劳动力，就地产出后返销市场或向第三国出口，劳动密集型产业也逐渐在全球市场上和亚洲"四小龙"形成了竞争，与亚洲"四小龙"一起受到了这次转移和传递较大的有利辐射影响。

（五）第五次国际产业转移浪潮

第五次国际产业转移最早起始于 21 世纪 10 年代中国与欧美日等发达国家以及东南亚等发展中国家之间，是一种由国际龙头企业和跨国大规模企业联合作为核心，引领产业上中下游各个环节进行的综合组团式产业转移。在世界贸易自由保护主义浪潮抬头、逆全球化、产业变革等错综复杂的背景下，这次国际产业转移在转移路径、转移方式、转移动因三个方面表现出新的特征。从转移的路径来看，前四次国际产业转移主要是由发达国家或地区向一些欠发达国家或地区进行的单向转移，而本次呈现以我国为中心的双路线格局、国内与国外转移并存的特征。以出口或代工为主、劳动密集型低端行业开始转移到我国中西部地区以及工人薪酬等制造费用较低的东南亚地区，如越南、菲律宾。发达国家从金融危机的历史教训中深刻意识到制造业等实体经济对支撑虚拟经济、拉动就业以及促进科学技术进步至关重要，因此"再工业化"战略在后危机的背景下正逐渐成为大势所趋，部分高端产业和传统产业链的中低端环节也越来越向科学技术水平较高的美国、欧洲等发达经济体进行回流，进一步助推这些国家借助信息科学技术等优势积极发展新材料、节约资源、低碳环保等国家战略性新兴产业，全球制造业也呈现出了多中心发展的态势。从转移的方式来看，前四次国际产业转移主要指单一项目、环节或者小型企业的转移，而本次国际产业转移的方式主要指以龙头企业和大企业为核心，带动研发、采购、销售、物流及售后服务等上中下游各环节实行了组团式的转移，以形成产业集群和网络，是一种链条式、综合体式、共建式转移。例如，近年来，我国纺织服装行业先是下游的纺织成衣代工品等类企业向东南亚地区布局，带动中、上游诸如面纱、面料等科技型配套企业的跟进，最终使其呈现由单个厂家迁移渐渐演变为一条产业链的整体性迁移。从转移动因来看，除了传统的过剩产能需要转移到后发地区和国家外，还有为了追求更高的技术效率、获取低成本。要素成本、产业政策、经济增长率和社会发展能力等多种影响因素共同作用于制造业中的全球战略布局，以实现最小化成本目标为首选因素。同时，制造业生产已逐渐实现智能化、个性化，发展中国家的低劳动力成本已经无法成为优势，而发达国家诸如智能制造、3D 打印等先进技术能优化劳动力、信息、资本等生产要素配置，提高管理和生产效率，故追求更高技术效率也是产业转移的重要动因。

二、国际产业转移的主要模式

产业转移模式是指产业转移过程中特定内外环境因素相互作用和组合，产业资源在此过程中得以跨区域再配置。具体内涵包含：第一，产业转移模式表现了政策手段、企业资金、人力资源等多种要素有机结合的可行性，只有产业转移过程中各种要素有效结合，才能发挥促进区域发展的作用。第二，任何产业转移模式都可以通过特定产业结构来体现其内涵意义，即能够准确有效地展现产业结构的动态调整过程。第三，产业转移高度反映了生产要素的可用价值及其潜在创新价值的开发，且产业转移模式主要体现劳动、土地、资本、信息技术等要素的有机整合程度。第四，各地区产业转移模式具有与当地发展相适应的特点。不同地区政策、地理条件、经济因素等发展情况存在差异，则影响和制约产业转移模式的条件也会不同。

20 世纪中叶以来，根据国际产业转移模式的实践来看，形成了一些典型的国际产业转移模式，如东亚模式、产业循环发展模式、边际产业扩张模式、网络型产业转移模式等。

（一）东亚模式

日本经济学家赤松要（Akamatsu）发现，日本产业转移发展轨迹在形状上和空中的大雁飞翔形态很类似，因而把"进口—国内生产—出口"产业发展路径称为"雁行"模式，以体现产业发展滞后国家追赶发达国家的梯度迁移现象。与发达国家工业化道路完全不同，东亚国际产业转移是"雁形模式"的典型实践，产业从先进地区到落后地区再到更落后地区呈梯形传递，通过形成独特的东亚区域产业分工，打造了密切的产业链接，创造了"东亚模式"独特的循环或链变机制。具体来说，经济欠发达地区往往接纳了发达地区的直接投资和技术出口，从而在实现了规模化生产后，再将产品大量出口或返销至经济发达地区。在产品成本上升和出口竞争力降低后，再将生产部门转移到更为落后的区域，以结束该产品的生产与出口。"东亚模式"是"制度模式"与"区域产业循环模式"的系统融合。一方面，就经济体制模式而言，东亚国家和地区的各"强政府"通过积极主动地开展体制创新、机制供给和政策高效执行，以实现东亚地区经济增长和工业化发展的关键目标。另一方面，从区域产业循环模式来看，东亚国家和地区经济高速度增长的重要外部原因之一，体现在二战后 60～70 年代日本通过海外产业转移实现产业结构转型升级后，东亚产业循环机制形成并得到发展。

然而，东亚模式表现出对外国资本依赖过高、对国际市场依赖性大、以粗放的数量扩张来推动经济增长等特征。具体而言，从对外国资本依赖过高方面来看，东亚地区不仅投资环境优越、投资产品安全性高、收益性大，而且资本市场发达、开放电信等基础设施完善，自然对外国资本流入有很大的吸引力，从而促进了东亚地区经济快速增长。但也正因为如此，给东亚地区带来了沉重的债务负担，且资本结构不合理，过高的短期投机性资本占比使其金融风险增加，经济受到严重损害。从对国际市场依赖性大方面来看，东亚地区实施以出口为导向的外向型经济发展战略，其所生产的产品大多要进入、占据区域外市场，依赖国际市场的同时也加剧了国际市场竞争，因而欧美发达国家实施一系列诸如关税壁垒、进口配额制等政策以缓解市场竞争，阻碍了东亚大多数国家的产品出口。因此，对于东亚地区来说，挖掘各国内部市场潜力以增加内需、推进区域经济一体化以促进增长至关重要。从以粗放的数量扩张来推动经济增长方面来看，东亚国家在经济高速增长过程中表现出产业结构调整滞后、重复引进与建设、企业集约化程度低、过度的"举债经营"等问题，这些实质上就是该地区经济增长方式"粗放"的问题。粗放型经济增长方式引起东亚地区发生一些结构性矛盾、产业组织结构不合理、国际竞争力较弱等现象，可见东亚地区经济增长方式向集约型转变的重要性。

（二）产业循环发展模式

美国经济学家弗农（Raymond Vernon，1966）首先发现，发达国家的产业发展过程具有"生产—出口—进口"三个阶段，提出了产业具有形成、发展、完善与衰落的生命周期过程。并强调产业转移出现于标准化生产阶段，这主要由于发达国家对最初引进的新产品制造过程要求员工必须技术熟练，当产品生产发展逐渐经过技术成熟阶段并进入生产规范化阶段时，才能利用不熟悉的劳动力对该产品实施大规模制造，由此导致发达国家采取进行大量投资等方法把该产品制造过程迁移至具有低廉劳动力等比较优势的不发达国家。基于此，20世纪中叶以来，美国产业转移在国际产业转移浪潮中表现出了一种产业循环发展模式，经历了"垄断—竞争替代—进口"三个阶段。美国通过大规模对外直接投资等手段进行这种产品产业转移，获得了大量垄断利润并争夺全球市场。具体来看，首先，美国等发达国家凭借雄厚的资金和发达的技术优势，投入大量研发经费和技术力量以领先于其他国家进行汽车、化学产品、电子计算机等新产品的开发与创新，从而很快在国际市场上占据垄断地位。并且由于大型跨国公司的综合能力和所有权优势内部化能力比较强，这种国际产业转移通常以大型跨国公司为主力军进行尖端增长性企业的海外输出，但是大企业这种海外直接投资活动只能在其兼具综合产权、内部化能力和区位三个优势的情况下进行，且大多采取独资的经营方式以维持垄断优势。其次，其他发达国家也纷纷开始参与到该产业制造中，且因为零研究、零开发费用和无需出口而避免的关税负担为这些发达国家提供了成本优势，产品价格有所下降，从而削弱了美国产品在全球市场上的竞争力。由于世界其他国家产品制造技术逐步走向成熟和规范，外部规模经济随之产生，生产成本和产品价格进一步下降，因此在全球出口市场上也逐步替代了美国产品。最后，其他发达国家产品由于出口扩大和成本持续降低而进入美国市场，促使美国最终由净出口国向净进口国转变。这种新产品在其生命周期不同阶段的生产与出口首先在美国进行，其次在日本、"亚洲四小龙"，最后到达发展中国家。

（三）边际产业扩张模式

日本经济学家小岛清（Kiyoshi Kojima，1978）发现日本产业经历了"引进新产业—丧失比较优势—产业转移"

三个过程，提出边际产业扩张模式，即投资国把本国丧失比较优势的产业转移到国际分工中处于更低阶梯的其他国家或地区（但有明显或潜在的比较优势），以规避产业劣势，而且这些边际产业所包括的范围较广，如日本由于发展中国家劳动力低成本优势而存在处于比较劣势的劳动密集型"边际性产业"，或者这些产业中处于比较劣势的"边际性企业"，或者同一企业中处于比较劣势的"边际性部门"。具体从各个时期来看，日本在经济大复苏时，转移产业主要是食品、纤维加工等已标准化的传统劳动密集型行业；在经济高速增长的时代，转移产业主要以金属冶炼、重型机械制造等资本密集型工业为主；20世纪中后期，受外国投资利益影响，日本的对外投资领域也开始从传统工业转入高精密机械、智能制造等新兴工业或高精尖技术行业。这种"边际产业"转移同时促进了母国和主要投资国的生产，从而形成了两国之间垂直分工，并调整了工业结构和技术、设备出口额。从对贸易发展的整体影响看，这种国际产业转移方式更倾向于"顺贸易倾向型"投资，一方面，日本企业能够采用合资的经营方式把国内丧失比较优势的产业，转让给其他发达国家以积极转型升级国内产业结构，引进现代产业部门以创造新的比较优势，并在这一过程中，出口和对外直接投资均会有所增加，最终实现了贸易顺差。另一方面，对于承接国家而言，所承接产业仍为其比较优势产业，可以充分利用自身生产要素的比较优势，以促进优势产业快速发展，与日本形成互补贸易。

（四）网络型产业转移模式

随着 20 世纪 80 年代中后期贸易、投资、生产等一体化的推进和发展，国际上逐渐建立起以产品价值链为基础和纽带、在跨国企业生产管理体系内部扩大而展开的网络型产业转移模式，跨国企业根据不同国家要素禀赋差异将不同生产工序安排给不同国家以谋取全球性的竞争优势，主要表现为一种发达国家负责产品研发、销售、核心零部件生产等工序，新兴工业化国家负责企业产品主要零部件制造等技术密集型工序，发展中国家负责企业辅助零配件制造、组装等劳动密集型工序的生产工序转移形式，使得产品生产在全球范围内得到优化布局。这种网络型国际产业转移不同于传统国与国之间产业的整体性转移，是一种不同层次国家之间以工序部分转移为主要方式、以中间产品国际交换为主要表现形态的全球网络化和国际分工新格局，表现出不同层次国家在相同产品生产的不同时间和工序上进行联动式发展。

网络型国际产业转移模式也是一种包含垂直顺梯度工序型、水平工序型、"逆"梯度工序型国际产业转移模式的复合型国际产业转移模式。其一，垂直顺梯度工序型国际产业转移主要发生在发达国家、新兴工业化国家和发展中国家之间，强调不同国家间垂直梯度是以不同国际生产要素工序上各生产要素之间禀赋结构差异为基础而存在的，各国在生产要素禀赋结构上的主动调整和改善会直接导致其在整个全球生产价值链上所处地位发生变化，因此后起国应充分发挥体现于局部工序上的某项要素禀赋优势，实现局部工序的转型升级和经济的快速发展。其二，水平工序型国际产业转移主要发生在发达国家之间，强调各国对高技术人才、创新性资源等高级生产要素的追求，如发达国家将研究与试验发展活动、核心部件制造等工序转移到要素禀赋相近的其他发达国家，各国通过这种产业转移实现高级工序间的优势互补与相互渗透，形成联动式发展以共同构建长期的、面向全球的竞争优势。其三，"逆"梯度工序型的国际产业转移又大致可以划分为被动式和主动式两种转移类型，前者是指发达国家跨国公司通过综合分析后起国家要素禀赋优势的情况，有选择地使得后起国缺乏竞争优势的部分工序进行回流，并进行中间产品贸易活动以适应在全球经济一体化生产下如关税、非关税壁垒降低等挑战，最终实现新一轮工序的过渡性转移和重新布局。后者是指后起国跨国公司，一方面，为了寻求在全球范围内的竞争优势而将自己产品研制等部分劣势的工序主动地转移给先行国，充分利用不同国家在不同生产工序上的要素禀赋优势以寻求优势型转移；另一方面，主动将局部工序切入国际价值链中，充分利用或扩大升级自身原有、体现于局部性工序上的优势，对发达国家高工序环节或企业进行直接投资、兼并收购等，从而走上国际化经营之路。

三、传统的国际产业转移模式是否适用于"一带一路"建设

由于"一带一路"国家之间在能源资源、劳动力、资金、产业基础、基础设施建设等要素禀赋方面存在明显的比较优势差异，具有较强的互补性，且当前中国经济规模、外汇储备均位居全球前列，在产业、基础设施建设、装备制造等方面具备综合优势。从而自2013年习近平主席提出共建"一带一路"倡议以来，中国与"一带一路"国家之间处于一个产业转型升级和经济发展的重大历史契机期，通过不断加强价值活动协调联动、互联互通以及深化务实国际合作和分工，日益深化了各国间的"共生关系"与"利益共同体"关系，在这一过程中，产业转移及其演进是推动"一带一路"建设、对接各国政策和发展战略的重要内容。产业转移开始是指产业整体从一个国家或地区逐步转移到另一个国家或地区而发生的区位变迁，随后由于国际分工的持续深化，转变为产品的区位变迁、生产工序的区位变迁，逐步形成了经济全球化进程中的生产新格局。由于产业转移从产业的区位变迁逐步发展为同一产品生产工序的区位变迁，表现出沿着价值链不断深化和细化的趋势，且产业的转移主体、转移

动因以及转移模式的适配条件、共生效应等方面日益错综复杂、动态变化加强，东亚模式、产业循环发展模式、边际产业扩张模式等传统国际产业转移模式在中国与"一带一路"国家间产业转移中存在一定程度的不适用性和不合理性。同时，探讨传统国际产业转移模式应基于共生理论分析框架，体现中国与"一带一路"国家间不同产业价值增值过程中的联系和互动。

具体而言，从转移动因来看，一方面，东亚模式下，日本具备先进技术手段和持续创新能力，产业对外转移是追求产业利润和外部规模经济，以便进一步进行技术创新的结果，而在中国与"一带一路"国家间产业转移中，更多的是为了在基础设施领域展开合作，通过实现中国与"一带一路"国家或地区之间基础设施建设的互联互通，降低运输、仓储、流通加工等物流成本，从而促进中国与合作国之间的贸易和投资，以及中国在全球产业价值链中的分工格局变化和地位提升。此外，中国与日本等国在装备技术、产业发展、创新力度等方面也存在差异性，仅仅照搬传统东亚模式应用于中国与"一带一路"国家间产业转移存在一定的不合理性和不确定性。另一方面，产业循环发展模式下，美国为获得丰厚的垄断利润并占领全球市场进行大规模对外直接投资；边际产业扩张模式下，日本为开发海外资源和寻求低成本劳动力而进行产业转移。而这两种国际产业转移模式下的转移动因使得后发经济体存在主观非意愿性，较难获得额外收益和更多发展空间，与"一带一路"倡议下实现各国之间产业转移过程中的不断协调变化以及共建共享、合作双赢的目标不符，故应探索符合中国与"一带一路"国家间产业转移实践目标的国际产业转移新模式。

从适配条件来看，东亚模式是基于发达国家与发展中国家一定的技术差异和产业梯度性而形成的，发达国家与发展中国家分别在机械、电子等高附加值、资金技术密集型产业和劳动密集型产业具有比较优势，进而根据分工体系形成不同层级的产业结构。现阶段中国的产业结构不断得到转型升级，劳动密集型产业比较优势逐渐丧失，而资本、技术密集型产业比重在不断增加，若中国与"一带一路"国家间产业转移采取传统东亚模式，中国就亟须与"一带一路"国家形成分工，将具有比较优势的产业转移到劳动力成本较低的沿线国家或地区。然而，随着经济全球化的发展、生产技术的提高以及贸易成本的降低，产品生产被分割成不同的生产工序，产业间分工逐渐演变成产业内和产品内分工，传统东亚模式所形成的雁形分工体系已经不再适用于中国与"一带一路"国家间产业转移现状。产业循环发展模式和边际产业扩张模式都强调国家间要素禀赋的差异性，而中国与部分"一带一路"国家都属于发展中国家，这些国家具备相似的要素禀赋结构或需求特征，同时劳动力成本并不是一成不变的，会随着劳动生产率、劳动流动性等因素变动而不断发生变化，进而劳动力成本优势会随着国家或地区间工资水平的趋同而逐渐弱化，这就使得无法从单一要素禀赋、比较优势或者边际产业视角合理分析中国与"一带一路"国家间产业转移所呈现的复杂特征，从而已经无法对这些国家间产业转移的真实现状和前景做出合理判断，产业循环发展模式和边际产业扩张模式难以完全适用。网络型产业转移模式是基于内部关联机理以全球价值链为纽带将产品生产工序安排布局于不同国家，可以分为顺梯度工序型转移和逆梯度工序型转移。由于产品更新换代速度加快与生产要素调整过程漫长之间的矛盾，不同梯度国家间进行工序转移较为困难，从而使得中国与"一带一路"国家间顺梯度工序型转移存在一定局限性。从逆梯度工序型转移来看，后起国企业要进行逆向投资不能仅靠劳动力成本、自然资源等普通资源，还要拥有自主研发、创新管理、价格控制等独特的竞争优势以能在先进国家开拓更为广阔的市场，而这一转移模式对大多数为发展中国家的"一带一路"国家和地区来说，存在巨大的挑战性。

从共生效应来看，无论是在东亚模式下，还是在产业循环发展模式和边际产业扩张模式下，产业转移均具有显著的方向性，产业转出国家或地区在资本、技术等方面具有绝对优势而处于主导把控地位，产业承接国家或地区处于被动状态，在这种情况下，后者虽然可以在产业"共生关系"形成初期获得一定的生产要素、资源和发展空间，但随着产业转移所得利益和规模结构间的不断扭曲，处于弱势的一方便很难再从"共生系统"中创造更多的需求和利益，潜在风险和隐性成本不断增加，从而转移产业双方存在较差的共生稳定性。在网络型产业转移模式下，跨国公司根据各国要素禀赋差异将不同生产工序安排给不同国家，使得这些国家在同一产品生产的不同工序上实现了联动式发展，构成了规模、能力、中间产品等多方面匹配和适应的"共生关系"，可以共同获得正外部性，但若这种产业"共生关系"存在非对称性，共生稳定性则会发生动摇。由此可见，传统国际产业转移模式下转移地和承接地产业间在非对称分配、交流合作、成本等方面存在不足之处，且"共生系统"内部演进和"共生环境"外部变化错综复杂，共生稳定性较弱，对中国与"一带一路"国家间产业转移的适用性较差。只有在对称性互惠共生下，产业转移双方在技术、业务等方面相适应，具有内在调节机制和合理分配机制，可以有效维持产业转移的稳定性，故应结合中国与"一带一路"国家间产业转移的新动力与新空间，以产业对称性互惠共生为产业转移组织模式动态演进的目标，创新中国与"一带一路"国家间产业转移模式。

第二节 不同共生关系产业转移模式下转出国与承接国间动态博弈分析

一、博弈模型假设

共生联盟在不同产业共生关系影响下会形成不同的产业转移模式。具体而言，当共生联盟内产业转出单元与产业承接单元之间为寄生关系或偏利共生关系时，表明其形成了非互惠共生产业转移模式；当共生联盟内产业转出单元与产业承接单元之间为非对称互惠共生关系或对称互惠共生关系时，表明其形成了互惠共生产业转移模式。博弈思想广泛渗透于人类社会诸如人际、职场、外交、战争、竞技等各个领域，共生联盟产业转移过程也不例外。事实上，当参与人就某一事件或问题产生意见分歧而进行互动时，就是博弈的过程。策略博弈是非合作博弈理论的一种类型，包括参与人、策略、支付三个要素，其主要用途有：其一，解释缘由。参与人在面临多项策略选择并要做出最终行动前，可以通过博弈思维清晰地了解当事人做出抉择的动因，从而准确把握当前时局。其二，预测分析。在策略博弈中，可以得到参与人所有潜在的策略选择以及不同策略组合下所获收益，便于进行分析和行为预测，进而找到策略博弈的均衡解。其三，提供建议。通过策略博弈分析不同行为导致的不同后果，得到当下事件最佳应对手段。接下来，本节将构建博弈模型，探索不同产业共生关系下产业转移主体国之间的利益分配①。

大国之间在进行博弈的过程中所涉及因素较为繁多，行为非常复杂，为了简化分析，现对博弈模型作以下假设。

（1）参与人，即博弈过程中的参与主体。每个国家都可以作为参与人独立进行决策，而为了简化分析，本节假设博弈参与主体只有两个国家。在非互惠共生产业转移模式下，博弈参与人设定为转出国 A 和承接国 B；在互惠共生产业转移模式下，博弈参与人设定为中国（C）和某一典型沿线国家（T）。

（2）策略，即参与主体所面临的各种选择。本节假设参与人所做的任何决策都是出于主观意愿，不受限于任何强制力因素。并且主要是产业转出国和产业承接国之间进行决策，各国均有两种策略可供选择：进行合作或加入共生联盟，参与产业转移以建立长久的产业合作关系；拒绝合作或不加入共生联盟，仅维持以往的产业转移模式。

（3）支付，即采取反应策略之后所获的收益。本节将

---

① 康佳妮. 产业共生关系对产业转移的影响机理及博弈解释——基于中国与"一带一路"国家间的研究［D］. 湘潭：湖南科技大学，2020.

从经济效益、资源效益、环境效益、政绩效益、国际地位效益五个方面，探讨参与人在不同产业转移模式下，采取不同行动时所获的支付情况。

（4）理性人，即作为决策的主体无论最终采取什么策略，其出发点一定是追求自身效益最大化或者成本最小化。本节假设所有参与人都是理性经济人，也就是说，任何改变转承国双方最终抉择的行动都不会使至少一方的现有状态变得更好。

二、非互惠共生产业转移模式下转出国与承接国间动态博弈分析

非互惠共生产业转移模式形成于产业转承单位之间的寄生关系或偏利共生关系，普遍体现的是一种非互惠共生关系。如图 5.1 所示，以产业转出国 A（以下简称为"A"）和产业承接国 B（以下简称为"B"）为博弈参与人，得到非互惠共生产业转移模式下 A 国与 B 国动态博弈模型。其中，A 位于博弈树的初始结，是序贯博弈模型的发起方；每个决策结所始发箭头代表动态博弈进行的方向，其旁侧标注表示策略选择；黑色圆点即终点结，各终点结旁括号里的内容指双方决策后所获支付，且 A 和 B 在第 I 个终点结所获收益分别表示为 U_I^A 和 U_I^B。

从动态博弈初始结位置 A 国来看，其面临两种选择：一

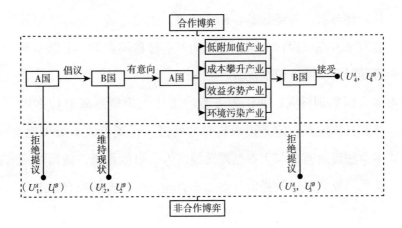

图 5.1　非互惠共生产业转移模式下 A 国与 B 国动态博弈模型

是率先发起倡议，即向 B 国发起合作邀请，选择 B 为此次产业转移的承接国，与 B 建立产业转承关系；二是不进行提议，按照之前的既定路线发展经济。若 A 选择不进行提议，则博弈结束并得到效益（U_1^A，U_1^B）；若 A 选择率先发起倡议，则进入第二阶段的博弈，B 位于决策结，面临拒绝合作以维持现状或表明合作意向两种选择。若 B 选择维持现状，则博弈结束并得到效益（U_2^A，U_2^B）；若 B 选择表明合作意向，则进入下一阶段的博弈，A 与 B 就产业转移的细节进行商榷。一般地，非互惠共生产业转移模式下，产业转出地倾向于将低附加值产业、成本攀升产业、效益劣势产业、环境污染产业等类型产业进行空间移出。这主要是因为这些产业即将或完全丧失比较优势，即使未来继续发展，对提升本国经济效益的作用较小，甚至会产生负向效应。以环境污染产业为例，随着环境管制门槛的提升，发展环境污染产业不仅面临成本攀升的压力，还存在着产业收益不足以覆盖后续环境治理所需成本的可能性。当两国讨论后，便进入博弈的下一阶段，B国面临接受提议以正式建立产业转承关系或拒绝提议两种选择。若B选择拒绝提议，则博弈结束并得到支付 (U_3^A, U_3^B)；若B选择接受提议，则进入最后的终点结，支付为 (U_4^A, U_4^B)。从博弈结果来看，A和B在前三个终点结协商未达成一致，可归类为非合作博弈；在第四个终点结协商达成一致，属于合作博弈。

　　进一步地，分析每个终点结支付的具体构成并比较两国收益（见表5.2）。从非合作博弈过程来看，第一个终点结，支付构成即无倡议下的所得收益，一般而言，由于非互惠共生产业转移模式下产业转出国比产业承接国具有更高的经济发展水平，则经济梯度差异使得原始水平下，$U_1^A > U_1^B$。第二个终点结，A出于产业转移的需求，会广泛地发出合作邀请，若同一时间建立了其他的产业合作关系，则规模经济效应使其支付构成在 U_1^A 的基础上增加 U_∂^A，即A的总支付包含上一结点支付和另一部分支付。与此同时，B选择维持现状而失去了合作机会，若B长期往来的合作伙伴此刻也与A建立了新的合作关系，那么这些国家与B的合作交集较之前有所减少，因此，B的总支付除包含上一结点的支付 U_1^B 外，还要减去由于合作伙伴减少所带来的支付损失 U_∂^B。且由于博弈时间较为短暂,忽略该阶段的谈判成本,不难看出,$U_2^A > U_2^B$。第三个终点结,A 与 B 都要在上一结点的支付基础上减去谈判成本,即支付构成为 $(U_2^A - U_\delta^A, U_2^B - U_\delta^B)$,并且正常情况下,两国谈判成本相差不大,易见 $U_3^A > U_3^B$。

表 5.2 　　　　　　　　　　　　　**A 与 B 动态博弈支付**

支付	支付构成	收益比较
(U_1^A, U_1^B)	无倡议下所得收益	$U_1^A > U_1^B$
(U_2^A, U_2^B)	$(U_1^A + U_\partial^A, U_1^B - U_\partial^B)$	$U_2^A > U_2^B$
(U_3^A, U_3^B)	$(U_2^A - U_\delta^A, U_2^B - U_\delta^B)$	$U_3^A > U_3^B$
(U_4^A, U_4^B)	$(U_3^A + U_\varepsilon^A + U_\theta^A + U_\sigma^A + U_\omega^A, U_3^B + U_\varepsilon^B + U_\theta^B - U_\sigma^B - U_\omega^B)$	$U_4^A \gg U_4^B$

从合作博弈过程来看,第四个终点结,A 的支付构成除包含 U_3^A 外,还可能包括 U_ε^A、U_θ^A、U_σ^A、U_ω^A,即经济效益、资源效益、环境效益、政绩效益。A 将低附加值产业、成本攀升产业、效益低下产业转出,以集中力量发展位于微笑曲线两侧的高附加值产业,U_ε^A 得到大幅提升;在资源有效利用下,帕累托改进的实现使得 U_θ^A 大幅提升;若 A 将污染型产业转出,则支付构成会增加 U_σ^A;U_ω^A 主要指声誉效用和国际地位提高效应两方面,对内而言,民众对 A 国政府的评价因社会福利水平大幅上升而有所提高,对外而言,经济得以发展提升了其国际地位,有效巩固了国际话语权。B 的支付

构成除包含 U_3^B 外，还可能包括 U_ε^B、U_θ^B、U_σ^B、U_ω^B，即经济效益、资源效益、环境效益、政绩效益。B 通过承接 A 的产业转移，暂时找到了突破经济发展瓶颈的方法并取得 U_ε^B，但其承接的产业位于微笑曲线低点，所取得的经济效益远不如 A，故 $U_\varepsilon^B < U_\varepsilon^A$；承接产业同样使 B 国资源得到有效利用，实现 U_θ^B；若相对应地，B 由于低环境管制门槛愿意承接污染产业，则总支付要减少 U_σ^B，且一般情况下后续治理成本较高，故 $U_\sigma^B > U_\sigma^A$；同理，关于 U_ω^B，从国内来看，社会福利水平小幅提升，有一定的声誉效应，从国际来看，经济仍不能突破低端锁定，国际地位、话语权等未能得到提升，进一步与发达国家拉开差距，国际地位实际上有所下降，因此，总支付要减少 U_ω^B，且 $U_\omega^B > U_\omega^A$。综上所述，$(U_3^A + U_\varepsilon^A + U_\theta^A + U_\sigma^A + U_\omega^A) \gg (U_3^B + U_\varepsilon^B + U_\theta^B - U_\sigma^B - U_\omega^B)$，即 $U_4^A \gg U_4^B$。

在非互惠共生产业转移模式下，无论选择非合作博弈，还是选择合作博弈，产业转出国的支付总是大于产业承接国，这种支付差距在正式确立产业转承关系而进行合作博弈的过程中更加显著。即使产业承接国能在合作博弈的终点结获得正支付，也是"皮洛士的胜利"。究其根本，在非互惠共生产业转移模式下，就出发点而言，发展梯度高的国家通常以自身利益为主或唯一考虑因素，通过转出其劣势产业以获取丰厚的支付，最终导致经济发展梯度差进一步拉大；就地位而言，一般地，产业转出国拥有掌控优势，而落后国家更多的是被动承接产业，甚至出于短期内快速促进经济发展的考虑被迫选择承接污染产业；就关系而言，转承双方大多处于竞争关系，非互惠共生产业转移模式难逃"修昔底德陷阱"，实际上高梯度国家会有意识地抑制低梯度国家的经济发展，故落后国家一般很难实现飞跃式发展，甚至没有飞跃发展的机会。可见，非互惠共生产业转移模式难以完全适用于共建"一带一路"，中国与"一带一路"国家间的产业转移模式亟待创新。

三、互惠共生产业转移模式下转出国与承接国间动态博弈分析

互惠共生产业转移模式形成于产业转承单位之间的非对称互惠共生关系或对称互惠共生关系，普遍体现的是一种互惠共生关系。如图 5.2 所示，以产业转出国中国（以下简称为"Z"）和产业承接国某"一带一路"国家（以下简称为"T"）为博弈参与人，得到互惠共生产业转移模式下转出国与承接国的动态博弈模型。其中，Z 位于博弈树的初始结，是序贯博弈模型的发起方；箭头、旁侧标注、黑色圆点、括号等含义同图 5.1；Z 和 T 在第 I 个终点结所获收益分别表示为 U_I^Z 和 U_I^T。

从动态博弈初始结位置 Z 国来看，其面临两种选择：一是率先发起倡议，即向 T 国发起合作邀请，选择 T 为此次产

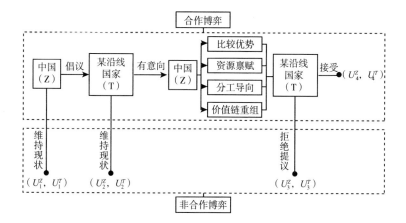

图5.2　互惠共生产业转移模式下转出国与承接国间动态博弈模型

业转移的承接国，与 T 建立产业转承关系；二是不发出合作邀请以维持现状。若 Z 选择维持现状，则博弈结束并得到效益（U_1^Z, U_1^T）；若 Z 选择率先发起倡议，则进入第二阶段的博弈，T 位于决策结，面临拒绝合作以维持现状或表明合作意向两种选择。若 T 选择维持现状，则博弈结束并得到效益（U_2^Z, U_2^T）；若 T 选择表明合作意向，则进入下一阶段的博弈，Z 与 T 就产业转移的细节进行商榷。一般地，在互惠共生产业转移模式下，产业转出地和承接地以共生联盟内产业合理化分工为导向，充分分析各共生单元的比较优势和资源禀赋差异，通过实行跨区域产业链重组实现双方经济跨越式发展。当两国讨论后，便进入博弈的下一阶段，T 国面临接受提议以正式建立产业转承关系或拒绝提议两种选择。若 T

选择拒绝提议，则博弈结束并得到支付（U_3^Z，U_3^T）；若 T 选择接受提议，则进入最后的终点结，支付为（U_4^Z，U_4^T）。从博弈结果来看，Z 和 T 在前三个终点结协商未达成一致，可归类为非合作博弈；在第四个终点结协商达成一致，属于合作博弈。

进一步地，分析每个终点结支付的具体构成并比较两国收益（见表5.3）。从非合作博弈过程来看，第一个终点结，支付构成即无倡议下的所得收益，现阶段与中国签订"一带一路"合作协议的主要国家大多为发展中国家，中国的经济发展水平与产业梯度水平实际上略高于多数沿线国家，故可以暂定原始水平下，$U_1^Z > U_1^T$ 并假设二者相差不大。第二个终点结，Z 的总支付除包含上一结点支付外，还包含其广泛发出合作邀请并成功新建产业合作关系而产生的扩散效应 U_∂^Z，即支付构成为（$U_1^Z + U_\partial^Z$）。与此同时，T 选择拒绝提议而失去了合作契机，若 T 长期往来的合作伙伴此刻也与 Z 建立了新的合作关系，那么这些国家与 T 的合作交集较之前有所减少，因此，T 的总支付除包含上一结点的支付 U_1^T 外，还要减去由于合作伙伴减少所带来的支付损失 U_∂^T。且由于博弈时间较为短暂，忽略该阶段的谈判成本，不难看出，$U_2^Z > U_2^T$。第三个终点结，Z 与 T 都要在上一结点的支付基础上减去谈判成本，即支付构成为（$U_2^Z - U_\delta^Z$，$U_2^T - U_\delta^T$），并且正常情况下，两国谈判成本相差不大，易见 $U_3^Z > U_3^T$。

表5.3　　　　　　　　　　Z 与 T 动态博弈支付

支付	支付构成	收益比较
$(U_1^Z，U_1^T)$	无倡议下所得收益	$U_1^Z > U_1^T$
$(U_2^Z，U_2^T)$	$(U_1^Z + U_\delta^Z，U_1^T - U_\delta^T)$	$U_2^Z > U_2^T$
$(U_3^Z，U_3^T)$	$(U_2^Z - U_\delta^Z，U_2^T - U_\delta^T)$	$U_3^Z > U_3^T$
$(U_4^Z，U_4^T)$	$(U_3^Z + U_\varepsilon^Z + U_\theta^Z + U_\sigma^Z + U_\omega^Z，U_3^T + U_\varepsilon^T + U_\theta^T + U_\sigma^T + U_\omega^T)$	$U_4^Z = U_4^T$（$U_4^Z \approx U_4^T$）

　　从合作博弈过程来看，第四个终点结，Z 的支付构成除包含 U_3^Z 外，还可能包括 U_ε^Z、U_θ^Z、U_σ^Z、U_ω^Z，即经济效益、资源效益、环境效益、政绩效益。这种模式下，Z 借助产业转移充分发挥了各方比较优势，并有规划地进行产业补位，产业空间得到合理布局，从而得到 U_ε^Z；区域内也实现了资源的优化配置和帕累托改进，获得 U_θ^Z；从宏观来看，"一带一路"倡议所强调的共生理念既包含产业共生、区域共生、管理共生、利益共生，也包含环境共生和文化共生，基于此，绿色发展理念在国家的发展过程中落地生根，逐渐渗透于产业发展、政策调控、生产消费、科学研究等领域，因此，不同于非互惠共生产业转移模式，共生单元在搭建国际产业链条时，不会盲目地转移污染性产业以通过转嫁污染的方式进行产业合作，反而基于新能源、新技术、新材料等创新性应用，限制污染型产业的发展，最终新增 U_σ^Z；Z 与 T之间的信任感和融通感在产业合作中得到强化，经济实力、国际地位、国际话语权等均得到提升，民众对 Z 国政府的评

价因总体社会福利水平大幅上升而有所提高,实现支付构成新增 U_ω^Z。T 的支付构成除包含 U_3^T 外,还可能包括 U_ε^T、U_θ^T、U_σ^T、U_ω^T,即经济效益、资源效益、环境效益、政绩效益。T 通过承接 Z 的产业转移,充分依托资源禀赋和发挥自身优势,达到一个合理且最优的产业链条位置,最终突破经济发展瓶颈、迅速融入国际产业分工,获得了支付 U_ε^T,且 $U_\varepsilon^T \gg U_1^T$,$U_\varepsilon^T = U_\varepsilon^Z$ 或 $U_\varepsilon^T \approx U_\varepsilon^Z$;承接产业同样使 T 国资源得到优化利用,实现一定的 U_θ^T,且 $U_\theta^T = U_\theta^Z$ 或 $U_\theta^T \approx U_\theta^Z$;在互惠共生产业转移模式下,产业转出国更多地关注环境治理、污染管制、技术创新等方面,力求从根本上解决污染问题,不会进行污染产业的空间移动,故产业承接国不会面临非互惠共生产业转移模式下的境况,不会为取得暂时性经济发展而被迫承接污染产业,同样会获得 U_σ^T,且 $U_\sigma^T = U_\sigma^Z$ 或 $U_\sigma^T \approx U_\sigma^Z$;在非对称互惠共生产业转移模式下,产业承接国因无法摆脱低端锁定,永远处于微笑曲线最低点,而在互惠共生产业转移模式下,产业承接国通过建立产业合作关系,无论是国内政绩、社会总福利水平、人民评价,还是经济实力、国际地位、国际话语权等,都取得了与产业转出国相近的支付水平,两国之间的经济发展差距逐步缩小,故 T 的支付中包含 U_ω^T,且 $U_\omega^T = U_\omega^Z$ 或 $U_\omega^T \approx U_\omega^Z$。综上所述,$(U_3^Z + U_\varepsilon^Z + U_\theta^Z + U_\sigma^Z + U_\omega^Z) = (U_3^T + U_\varepsilon^T + U_\theta^T + U_\sigma^T + U_\omega^T)$ 或 $(U_3^Z + U_\varepsilon^Z + U_\theta^Z + U_\sigma^Z + U_\omega^Z) \approx (U_3^T + U_\varepsilon^T + U_\theta^T + U_\sigma^T + U_\omega^T)$,即 $U_4^Z = U_4^T$ 或 $U_4^Z \approx U_4^T$。

在互惠共生产业转移模式下,从动态博弈结果来看,选择合作博弈的策略优于选择非合作博弈,即 $U_4^Z \gg \max(U_1^Z, U_2^Z, U_3^Z)$ 且 $U_4^T \gg \max(U_1^T, U_2^T, U_3^T)$,且最终的博弈支付分配较为对等,这种产业转移模式适用于中国与"一带一路"国家间的产业转移过程。与前述相比来看,合作博弈结果在互惠共生产业转移模式与非对称互惠共生产业转移模式间存在较大差异,这主要是因为,就出发点而言,在互惠共生产业转移模式下,产业转出国不会以自身利益为唯一考虑因素,更多地会站在促进共生联盟整体发展的宏观视角,以达成共生单元协同进步为目标,实现各共生单元均获得较为对等的博弈支付;就竞合关系而言,产业转承双方所构建的并非是零和博弈中的竞争关系,而是一种平等、合作、共享、共同繁荣的关系,"修昔底德陷阱"不会存在;就共生模式而言,中国与"一带一路"国家间产业转移体现的是互惠共生模式,则依据博弈支付结果,互惠共生产业转移模式会反向作用于共生关系,使得非对称性互惠共生关系具有向对称性互惠共生关系演进的趋势。

四、非互惠共生产业转移模式下班加罗尔的艰难成长

20 世纪 90 年代以来,印度凭借丰富和低廉的劳动力资源吸引了大量外资投入,逐渐成为最热门的产业转移目标地

之一，其服务外包业受此影响而得到长足发展。数据显示，服务外包业产值于 2010 年高达 626 亿美元，是 1990 年产值的 300 倍以上，比 2008 年产值高出 105 亿美元以上。[①] 班加罗尔是印度最为典型的服务外包发源地之一，拥有"印度硅谷"的美誉，其承接产业转移的发展历程可以分为四个阶段（见图 5.3）。

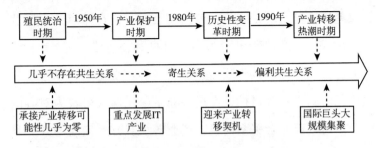

图 5.3　班加罗尔承接产业转移的发展历程

第一个阶段发生在 20 世纪 50 年代之前，葡萄牙、荷兰、法国、英国等欧洲列强相继发难印度，不仅争先在印度建立和抢占据点，还蚕食其领土并试图把控政权，印度这段漫长的被殖民和被操控的殖民统治时期，直至二战后才迎来独立的契机得以结束。独立后的印度经济发展严重滞后，印度政府为扶植和保护本国产业发展，采取了隔绝式发展策略，即仅以本国生产满足本国需求，采取关税壁垒等手段严

---

① 资料来源：根据印度服务外包行业协会每年发布的报告《印度工厂和 BPM 行业报告》（*The IT-BPM Sector in India*）整理所得。

格管制和限制进口（黄亮等，2016①）。在此政策环境下，班加罗尔参与国际分工和承接其他国家产业转移的可能性几乎为零。第二个阶段发生在 20 世纪 50～80 年代，印度政府将通信研究机构设立在班加罗尔，重点在该市发展 IT 产业等，为该市信息技术产业、软件外包和服务外包产业的发展提供了技术保障和人才储备保障。第三个阶段发生在 20 世纪 80～90 年代，甘地总理一改以往"闭关锁国"和"保护主义"政策，不仅颁布多项新政策，鼎力支持电子、软件、通信等产业在班加罗尔的发展，还极大程度地削弱了"保护主义"状态下的关税壁垒，设立多项优惠政策以鼓励外商投资，这些历史性变革为班加罗尔创造了承接国际产业转移的重要契机，成为了该市"走出去"的关键"钥匙"。与此同时，在美国劳动力成本日益攀升的背景下，德州仪器公司抓住这一机遇率先入驻该市，从此开启了班加罗尔承接产业转移的历程。第四个阶段发生在 20 世纪 90 年代以后，班加罗尔充分利用卫星通信设备，与产业转出国搭建了高效的信息交流模式，同时低成本技术人才供应满足了其他国家产业转移的需求，产业转移逐渐由小规模"试水"转变为大规模入驻。具体地，英特尔、IBM、微软、谷歌等国际知名巨头相继将研发基地和设计中心转移至班加罗尔，在示范作用和

---

① 黄亮，邱枫. 从软件外包到研发服务：班加罗尔的案例研究 [J]. 世界地理研究，2016，25（3）：21－29.

溢出作用的带动下，班加罗尔迎来了承接国际产业转移的热潮，德国西门子、荷兰飞利浦、日本索尼和东芝、美国摩托罗拉等世界领先厂商也逐渐集聚在班加罗尔。可见，班加罗尔成功崛起的原因主要体现在四个方面：其一，高层的强力支持。甘地总理实行开放性政策导向以及合理优惠政策是班加罗尔与国际接轨的重要前提。其二，丰富的信息技术骨干资源。发达的传感技术、通信技术等为提供服务外包奠定坚实基础。其三，劳动力等要素成本优势。发达国家的劳动力成本日益攀升，而班加罗尔的要素成本损耗较少，企业为降低生产成本以取得更多利益，会将研发部门转移至班加罗尔。其四，科技和人才等的溢出效应和外部经济。世界众多知名厂商的研发部门和设计部门聚集在班加罗尔，自然带动了国际顶尖骨干在此集聚，高端人才输入为班加罗尔的发展注入新活力。

在非互惠共生产业转移模式下，班加罗尔尽管经济在产业转移热潮的推动下得到长足发展，却始终处于全球价值链的最低端。这主要是因为，跨国企业研发环节最初是一种高成本、高回报的行为，其位于价值链高端环节，成本损耗主要体现在高端人才启用方面，研发部门以高成本雇用相关领域的骨干得到相应成果，进而依靠成果转换获取更高收益。随后，发达国家典型厂商通过将研发部门分离并转移至班加罗尔，雇用到符合条件的高素质人才，同时也降低了劳动力成本,最终将厂商生产活动转变为低成本、高回报的行为,发达国家的厂商从中获取巨额收益,而班加罗尔却只能作为廉价智力和体力的供应方,换取低廉的劳动报酬,与产业转出方获利情况呈现出极不对等的关系。可见,在非互惠共生产业转移模式下,班加罗尔与产业转出方之间体现了一种极不对等的共生关系。

从博弈论的视角来看,假设参与人有且只有班加罗尔和某发达国家两个,也均是理性人,参与人所面临的策略即是否进行产业转移和产业承接,其博弈矩阵如表 5.4 所示。其中,U_1^P 和 U_1^S 分别代表班加罗尔选择产业承接时和某发达国家选择产业转出时的策略支付;U_2^P 代表班加罗尔实行"闭关锁国",即选择不进行产业承接时的策略支付,U_2^S 代表某发达国家选择不进行产业转出时的策略支付。由于班加罗尔选择不进行产业承接、发达国家选择进行产业转出以及某发达国家选择不进行产业转出、班加罗尔选择进行产业承接的两种情况不成立,故未在博弈矩阵中写出支付。由前述分析可知,班加罗尔"闭关锁国"下支付小于开放政策下支付,即($U_2^P < U_1^P$);某发达国家选择不进行产业转出支付小于选择进行产业转出支付,即($U_2^S < U_1^S$);该博弈矩阵最优策略在班加罗尔选择产业承接并且某发达国家选择产业转出,然而此时,产业转出方支付远大于班加罗尔所获支付,即($U_1^P \ll U_1^S$)。从共生关系变化来看,班加罗尔在殖民统治和

封闭式经济发展时期经济发展严重滞后，随后班加罗尔实行开放式政策以希望通过吸引外资保持经济发展，同时也在其劳动力成本原本低廉的情况下，实行多项优惠政策，导致所得支付更少，此时博弈双方所形成的是寄生关系；世界高素质人才随着班加罗尔经济上行而逐渐集聚起来，班加罗尔所得支付逐渐增多，独立性较之前变强，博弈双方逐步过渡到偏利共生关系。在上述共生关系的作用下，班加罗尔作为非互惠共生产业转移模式中的共生单元参与联盟分工。

表 5.4　　　　班加罗尔与某发达国家产业转移博弈矩阵

班加罗尔	某发达国家	
	产业转出	不进行产业转出
产业承接	$(U_1^P,\ U_1^S)$	—
不进行产业承接	—	$(U_2^P,\ U_2^S)$

五、互惠共生产业转移模式下苏伊士经贸合作区的迅速腾飞

中国自"一带一路"倡议提出以来，秉持共生共赢理念，稳步、合理、有计划地推进与"一带一路"国家的产业共生合作，以及产业转移与产业承接所涉及的各项事宜，基于此，境外经贸合作区的建设正式步入"快车道"，中

埃·泰达苏伊士经贸合作区（以下简称为"经贸区"）就是倡议下中国政府和埃及政府产业共生共赢合作的典型案例之一，是天津泰达集团有限公司对非洲地区投资建设并由中非泰达实施运营的重点项目。迄今，经贸区不仅对埃及的经济发展产生了积极影响，还对中东地区和北非地区的经济产生了巨大的辐射带动作用。

经贸区于 2008 年成立，规划面积加上扩建面积合计达 7.34 平方千米，地处亚非欧三大洲的交汇处，临近首都开罗和苏伊士城区，附近的苏哈那港口为其开展物流运输、贸易往来、国际合作等提供了便利化条件，地理位置条件优越。"一带一路"倡议提出后，中埃两国政府高度重视经贸区的发展，一方面，中国政府采取多项举措鼓励和支持本国企业投资于经贸区，天津市政府也积极响应倡议，为入驻园区的国内企业提供多项财政补贴。例如，对入园企业的厂房在租赁、运营、投保、伙食等方面给予不同程度的资助，给予天津委派至园区的技术人员一定的工资补贴。另一方面，埃及政府积极出台优惠政策，就经贸区公共服务、税收优惠、土地供应、外国员工占比等方面做出具体的战略安排，极大程度地推进了经贸区内产业园区的建设。目前，经贸区主要由五大产业园组成（见表 5.5），每个产业园的龙头企业都已经完成入驻，同时也成功建设了相应的综合配套服务中心和配套服务机构。

表 5.5　　　中埃·泰达苏伊士经贸合作区基本建设情况

主要产业园区	龙头企业	互补型产业	综合配套服务中心	配套服务机构
新型建材产业园区	巨石埃及玻璃纤维公司	玻璃纤维产业	投资服务中心大楼 四星级酒店 白领公寓 蓝领公寓 娱乐性单体建筑	苏伊士运河银行 法国兴业银行 中海运公司 韩进物流 阳明海运 苏伊士运河保险公司 广告公司
纺织服装产业园区	中纺机无纺布	纺织服装产业		
高低压电器设备产业园区	西电 Egemac 高压设备公司	电工电气产业		
石油装备产业园区	宏华钻机和国际钻井材料制造公司	石油装备产业		
机械制造类产业园区	牧羊仓储公司	工程机械产业		

资料来源：商务部官网（http：//www.mofcom.gov.cn/）。

经贸区的建设不仅对中国经济发展产生了正向影响，也对带动埃及的经济发展腾飞具有重要意义，当前，经贸区建设已初见成果，突出表现在以下八个方面。

（1）中埃经贸区建设给埃及经济发展注入了强大的活力，埃及本土资源得到高效开发和充分利用。合作区由贫瘠的戈壁一跃成为集纺织服务、新型建材、电气设备、石油装备和机械制造等诸多产业为一体的现代化产业城。

（2）经贸区建设完善了当地的基础设施建设。完善的基础设施建设是顺利承接产业的重要基础环节，经贸建设加快了埃及完善交通、电力、通信等基础设施建设的步伐。就电网升级来看，中国国家电网公司已正式承接了经贸区的电网改造项目，目前已进入二期工程建设。

（3）经贸区成为埃及提高 GDP 的有力"法宝"。经贸区建设为埃及的经济发展和经济建设注入了新鲜血液，势必带动其 GDP 增长。根据世界银行数据显示，截至 2017 年，经贸区总产值达到近 8.6 亿美元，埃及人均 GDP 于 2019 年达 3019.7 美元，比 2008 年经贸区建设之初时高出 749.4 美元。

（4）经贸区建设为埃及劳动者提供了发挥智力和体力的平台，创造了更多新的就业机会，一定程度上降低了埃及的失业率。如图 5.4 所示，从 2008～2019 年的失业率变化可以看出，埃及失业率在"一带一路"倡议提出前大体呈现较快的上升态势，而在倡议提出后大体呈现稳定的下降态势；埃及失业率于 2019 年已经降至 9.6%，比 2014 年下降了 3.8 个百分点。

（5）经贸区大大提升了埃及地区吸引外资的能力。我国商务部资料显示，截至 2017 年底，入驻经贸区的中外企业达 68 家，合同投资金额合计达 6.1 亿美元，实际投资金额高达 10 亿美元以上，约为 2013 年实际投资金额的 10 倍。中国国家开发银行可为入园企业提供专项贷款，中非发展基

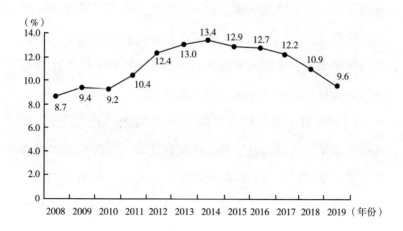

图 5.4 2008～2019 年埃及失业率走势

资料来源：世界银行、华经产业研究院。

金也可为入园企业提供融资，大大拓宽了经贸区吸引外资的渠道。

（6）经贸区建设成功将中国提出的绿色发展理念传递给埃及政府。中埃正式建立合作关系前，埃及处于产业价值链的低端地位，部分情况下为刺激经济持续发展而选择放低污染管制门槛，在非互惠共生产业转移模式的作用下走上"先污染、后治理"路线。在这样的状况下，作为产业承接国的埃及在获利方面本就与产业转出国严重不对等，还要付出后续环境治理成本，严重拖慢了埃及现代化和城镇化进程。相反，中国泰达始终坚持将绿色理念贯彻到经贸区建设过程中，所有入园企业必须满足污染防控条款，得到了埃及政府的高度肯定。

（7）经贸区内形成了以龙头企业为引领的多个产业园区，填补了埃及在玻璃纤维、纺织、电工电气、石油装备、工程机械等产业领域的空位。以玻璃纤维产业为例，巨石埃及玻璃纤维公司（以下简称"巨石埃及"）的园区入驻有力补充了埃及乃至非洲和中东地区玻璃纤维制造产业空缺。埃及、北非等地原本没有一家玻璃纤维生产工厂，巨石埃及项目的建成不仅帮助埃及成为世界第三大玻璃纤维生产国，还带动了上下游配套产业的迅速发展，扩大了埃及的对外出口份额。同时，核心技术转入促进了埃及高技术人才队伍的扩张，埃及当地员工在巨石埃及的中层管理岗位占七成以上，在一线岗位占九成以上。

（8）经贸区的建设契合埃及本土发展战略。2015年埃及政府将"苏伊士运河走廊开发计划"（以下简称"计划"）提上日程，预计建成后为埃及创造约占其经济总量30%以上的产值。可以看出，经贸区建设完美契合了埃及政府的宏观计划。

综上所述，经贸区建设不仅对产业转出国具有积极影响，对产业承接国更是如此，属于双向互惠共赢发展的典型案例。与非互惠共生产业转移模式不同，在"一带一路"宏观倡议指导的互惠共生产业转移模式下，产业转移并不是为了榨取边际产业最后的剩余价值，产业转出方和产业承接方之间获利差异并不大，双方都在产业转移过程中获得了助推本国经济发展的强大引擎；产业转移更多的是在促进区位分工合理化发展，以及产业布局得到适当调整，同时联盟内部实现"抱团式"发展，促使共生单元共同获得收益；产业承接国在补全和完善产业链条的过程中，逐渐从"被动输血"向"主动造血"进化，产业转出单元与产业承接单元之间所体现的互惠共生关系，进一步助推了产业转移效应的释放。从博弈论视角来看，在互惠共生模式下，共建共生联盟属于共生单元的帕累托最优决策。

第三节　湖南工程机械产业向"一带一路"国家转移的模式选择与创新

作为湖南省的支柱产业，湖南工程机械产业具有集群规模大、辐射范围广、创新能力强、品牌优势突出、国际化趋势强劲、产业链相对完整、企业合作紧密、主业产品地位稳固、成本费用管控成效明显等特点，对发挥湖南的比较优势和特色、打造国家重要的先进制造业高地、培育世界一流的先进制造业产业集群具有至关重要的地位和作用。然而，受全球经济不景气大环境的影响，原有的产业优势正在逐步弱化，产能过剩问题日益突出。"一带一路"

倡议是推进中国经济高质量发展、带动沿线国家经济增长并助力世界经济发展的积极探索，也是发展中国家实现产业转型升级、向上攀升全球价值链的重要举措①。"一带一路"国家人口基数大，市场需求旺盛，基础设施建设水平较低且动力不足，未来发展潜力巨大，为湖南工程机械产业"走出去"提供了重要契机和发展空间。另外，在国内产业结构安排不合理和产能过剩的制约下，推动产业转移有利于引导和激励"一带一路"沿线各国加强创新合作，开启面向"一带一路"国家的"双循环"良性互动新模式②。但是，选择以何种模式参与"一带一路"建设以及如何进行模式创新是当前湖南工程机械产业向"一带一路"国家转移过程中迫切需要解决的问题。本节将结合案例研究，重点剖析湖南工程机械产业参与"一带一路"建设、向"一带一路"国家转移的影响因素及内生动力，分析湖南工程机械产业向"一带一路"国家转移的行为特征与具体模式，为湖南工程机械产业选择最优"走出去"模式、推进高质量共建"一带一路"、实现中国与"一带一路"国家间产业互惠共生奠定坚实基础。

---

① 王桂军，卢潇潇."一带一路"倡议与中国企业升级［J］.中国工业经济，2019（3）：43-61.

② 蔡翔，吴俊，徐正丽.跨国并购是否促进了母公司技术创新：基于"一带一路"倡议的准自然实验［J］.湖南科技大学学报（社会科学版），2021，24（1）：67-74.

一、湖南工程机械产业向"一带一路"国家转移的影响因素

"一带一路"倡议提出以来，湖南工程机械产业紧紧围绕《推动共建丝绸之路经济带和 21 世纪海上丝绸之路的愿景与行动》的总体布局，抓住产业梯度转移的重大机遇，实施新一轮开放，主动参与全球竞争，通过规模、能力、中间产品等多方面匹配和适应的"共生关系"，实现了沿线国家的联动协同发展。具体来看，湖南工程机械产业向"一带一路"国家转移的影响因素主要有如下六点。

（一）宏观制度环境

工程机械是投资拉动型行业，受国家及各级政府在基础设施建设方面的投资安排影响较大。先前国家为了满足国民经济调整的需要，在基础建设项目领域采取的停建或缓建措施，导致相关产品需求量大幅下降，投资增速放缓，湖南工程机械产业由此进入转型调整阶段。直至 2016 年，国家及区域重大项目的开工和"一带一路"倡议的实施，为湖南工程机械产业的发展提供了新的机遇，"一带一路"国家对于道路、水利等基础建设的巨大需求使得更多企业趁势崛起，为产业集群的发展注入了新的活力。

（二）直接政策支持

为了打造国内领先的工程机械装备制造基地，推进湖南由制造大省向制造强省转变，各级政府纷纷将工程机械作为湖南省的支柱产业进行重点扶持，加大对三一重工、中联重科、山河智能等湖南工程机械龙头企业的支持力度[①]，鼓励湖南工程机械产业开展跨区域战略合作，共同组建技术研发平台和物流配送中心，共同开发新产品，共享生产供应体系。"一带一路"倡议提出后，湖南更是借助相关优惠政策，鼓励工程机械产业向"一带一路"国家转移，通过充分利用两个市场和两种资源深度参与"一带一路"建设。

（三）金融支持力度

资金融通作为保证"一带一路"建设顺利进行的重要支撑，是化解区域发展不平衡、不充分问题与发展更高层次和更高质量开放型经济的必然选择，也是参与全球经济治理体系变革的重要举措。为进一步推动国际金融合作，我国不断加大对"一带一路"建设的金融支持力度，积极完善全球金融支付结算网络和跨境金融服务，已初步建立了多层次的金融服务体系，有效拓宽了境内外融资渠道，为湖南工程

---

① 王美霞，周国华，王永明. 多维视角下长株潭工程机械产业集群成长机制[J]. 经济地理，2020，40（7）：104－114.

机械产业向"一带一路"国家转移提供了多元化的金融支持和服务。

（四）人民币国际化的推动

数据显示，人民币已成为全球第五大支付货币，跨境收付金额合计 19. 67 万亿元，同比增长 24. 1%。① 我国日益开放的金融市场为"一带一路"国家的投资者提供了更为多样化的投融资渠道和工具，提高了国际市场对于人民币的认可度，也为我国的跨境贸易、对外投资、对外承包工程等提供了一种直接的支付与结算媒介，有利于中国提升全球化经营能力，与沿线国家形成互利共赢的发展格局。

（五）区位交通优势

湖南省作为东部和中西部地区的过渡带、长江和沿海经济带的结合部，地理位置优越，是长江以南重要的交通枢纽，在对接"一带一路"倡议中承担着联东结西、承南接北的重要使命。此外，湖南已基本形成综合配套的立体交通网络，水、陆、空三路建设并驾齐驱，与"一带一路"国家重要节点城市相通，共同助力湖南工程机械产业参与"一带一路"建设。优越的地理位置加上发达的交通网络，湖南

---

① 资料来源：中国人民银行 . 2020 年人民币国际化报告 ［R］. 2020 – 08 –
14.

区位的战略意义得到了大大强化，也为湖南工程机械产业向"一带一路"国家转移提供了良好的基础条件。

（六）资金和人才优势

资金方面，三一重工、中联重科、山河智能 3 家代表性公司均已上市，具备强大的融资能力，其股价也高居行业榜首，为其拓展海外市场和开展新业务奠定了雄厚的资金基础；人才方面，湖南作为教育强省，拥有一批能快速适应市场需求演变的高素质创新型人才队伍，为整个经济的高质量发展和产业的转型升级提供了人才保障和智力支持。

二、湖南工程机械产业向"一带一路"国家转移的动力

在新的发展格局下，湖南再次历史性地站到了新机遇面前，经济发展具有巨大韧性和回旋余地，产业发展空间布局进一步加大。未来，湖南工程机械产业的发展无疑将以"一带一路"为重要突破口，并引领其向纵深推进。通过结合上述影响湖南工程机械产业向"一带一路"国家转移的因素，研究湖南工程机械产业向"一带一路"国家转移的动力，有利于加强与"一带一路"国家的经济政策协调和发展战略对接，为实现协同联动发展注入新能量。具体来看，湖南工程机械产业向"一带一路"国家转移的动力可以分为推

动力和逆动力两种，企业对实际利益和国际化目标的追求、提升品牌价值和开拓市场的需要，都会推动湖南工程机械产业向"一带一路"国家转移，而贸易风险的存在则成为阻碍湖南工程机械产业向"一带一路"国家转移的逆动力。

（一）推动力

1. 经济利益的引导

追求经济利润的最大化是企业开展一切经济活动的第一动力和首要目标，随着国内市场逐渐趋于饱和，湖南工程机械产业将目光投向了存在巨大利润空间的国际市场，希望通过传统产业价值链转移效应和生产要素重组效应推动产业结构转型升级，为湖南工程机械乃至中国工程机械的发展培育新的国际竞争优势。此外，与发达国家成熟市场相比，"一带一路"沿线多为发展中国家，其在土地、原料、劳动力等生产要素上具有明显的比较优势，产品性价比较高。对此，经济利益的引导和生产要素的比较优势使得湖南工程机械产业向"一带一路"国家转移成为必然。

2. 战略发展的需要

在国际国内一体化的发展格局下，国际化战略是任何一个产业走向成功并保持长期稳定的必然趋势，只有将国际化作为长远目标来努力，才能永葆生机活力。尽管近年来湖南工程机械产业在各方面取得了一些突破和进展，但关键核心技术仍掌握在国外工程机械企业手中，要想改变这种不利局面，就必须参与全球市场竞争，推动中国企业更快地与国际化标准接轨，形成以市场为导向的生产机制，进而通过市场倒逼机制鼓励企业创新，为经济发展创造新动能。

3. 品牌价值的实现

全球价值链分工与价值链升级背景下企业的竞争方式开始转变，品牌逐渐成为市场运作的主体，也成为优势企业新的价值增长点[①]。中联重科、三一重工、山河智能等这些湖南工程机械企业知名品牌在国内已经享有一定的声誉，但距离成为国际知名品牌还有一段距离。只有通过实施国际化战略，在向"一带一路"国家转移的过程中不断提升品牌价值才能成为真正意义上的国际知名品牌，从而为企业创造更大的利润。

4. 市场开拓的需要

市场处在不断的发展变化中，当某一地区的市场需求达到饱和，企业通常会选择在其他地区开辟新的市场，以满足企业未来的发展需要。在当前经济增速放缓叠加转型升级趋势下，未来工程机械产业新增需求空间较小，将逐步进入存量时代。此外，以往依靠中低端产品迅速抢占市场份额的单

---

① 甘瑁琴，邓德胜. 工程机械企业国际知名品牌价值评价研究——以湖南省为例〔J〕. 技术经济与管理研究，2013（2）：12–15.

一增长方式在多元化的市场竞争格局下也将面临严峻挑战。在这种情况下,海外市场越来越成为湖南工程机械产业销售份额中不可或缺的重要组成部分。从市场潜力分析,"一带一路"国家等新兴外部市场近年来一直保持良好的发展势头,今后将成为承接湖南工程机械产业转移的"主战场"。

(二) 逆动力

国际贸易风险是阻碍湖南工程机械产业"走出去"最主要的逆动力。在进行国际贸易的过程中,由于不可抗力或人为因素等突发状况,导致利润与预期发生偏差,进而有出现亏损的可能性。尤其是,在当前贸易环境不确定性背景下,中国连续多年成为全球遭受贸易救济和反倾销调查最多的国家。不少遭遇"双反"壁垒的中国企业选择将产业转移到"一带一路"沿线国家,希望以此规避从国内直接出口被加征"双反"税的成本,有针对性地打破贸易壁垒。湖南工程机械产业也存在部分原因基于此,通过将产业向"一带一路"国家进行转移提升自身在国际竞争中的影响力,与此同时,促进自身产业升级与资源配置优化。

三、湖南工程机械产业向"一带一路"国家转移的行为特征

从产品出口到对外投资建厂、从建立研发基地到创办

产业园区，湖南工程机械企业的每一步都是在向国际化迈进，产业规模不断扩大，产值增长迅速，形成了高度集中的产业集群格局①。"一带一路"倡议提出后，湖南工程机械产业更是积极参与共建"一带一路"，不断扩大海外市场占有率，提高生产智能化水平，在实现更高质量发展的同时也深化了和各国间的"共生关系"与"利益共同体"关系②。具体来看，湖南工程机械产业向"一带一路"国家转移的现有模式主要有直接出口、对外直接投资和跨国并购三种。

（一）直接出口

据长沙海关统计，2013～2017 年，湖南省对沿线国家进出口合计 2295.3 亿元，贸易规模从 2013 年的 344.2 亿元攀升至 2017 年的 587.5 亿元。与此同时，随着国家基础建设项目不断规划实施，湖南省机械设备进口总额从 2013 年的 93.14 亿美元升至 2017 年的 110.04 亿美元，出口总额从 2013 年的 126 亿美元升至 2017 年的 200.23 亿美元。总的来说，湖南工程机械产业选择直接出口模式参与"一带一路"

① 王美霞. 长株潭工程机械产业集群演化过程及形成机制 [D]. 长沙：湖南师范大学，2020.

② 刘莉君，康佳妮，刘友金. 基于偏离—份额法的长江经济带制造业发展类型演变特征与转/承态势分析 [J]. 重庆大学学报（社会科学版），2020，26（1）：31 - 44.

建设,有助于实现湖南向"一带一路"国家产业转移的互惠共生效应。对湖南工程机械产业自身而言,有助于构建完整的海外服务体系和备件供应网络,加快出口方式转变、调整出口产品结构、提高出口产品质量和性能水平,推动工程机械产业向产业链高端攀升;对东道国而言,有助于增加就业机会,提高沿线国家居民收入,拉动投资和消费,改善外贸结构和条件,推动产业升级和经济增长。

(二)对外直接投资

为充分发挥对外直接投资的空间集聚效应和辐射溢出效应,形成"多点带面、全域协同"的空间战略布局,湖南工程机械产业把市场开拓和产品研发紧密结合,持续加大对"一带一路"国家的投资规模,引进国际同行业优秀技术和管理人才组建海外研发中心,提高创新研发和管理水平。系列措施一方面有助于增加东道国的就业岗位,满足东道国对资本、技术和管理资源等方面的迫切需求,提高东道国的经济增长速度和质量,另一方面有助于改善母国国际收支的经常项目,优化母国产业结构。以中联重科为例,中联重科持续加大对海外市场的投入,运用资本优势在海外市场资源整合上取得了重大突破,建立了海外融资租赁子公司和海外生产基地,完善了全球物流网络和零配件供应体系,给"一带一路"国家的经济注入了新的发展动力。

（三）跨国并购

在"走出去"的征途中，"海外湘军"通过一系列并购重组行为全力推进湖南工程机械企业由单一的工程机械企业转型为集多板块业务领域于一体的全球性高端装备制造企业，不断向全球价值链高端攀升，成功实现了各方资源的优化配置与经济、社会、生态等方面的互利共赢。其中，三一重工借力"一带一路"组建了集本土化研发、制造和销售于一体的产业园基地，实现了技术、营销、人力资源的三重整合，通过普茨迈斯特、帕尔菲格等海外知名品牌的带动作用提升了本土品牌在国际市场上的影响力，也促进了东道国技术水平的提高和产业结构的调整与升级；中联重科通过收购英国保路捷、意大利 CIFA、德国 M－TEC、荷兰 Raxtar 等世界级公司，积累了丰富的企业和资本运营方面的经验，深化了工程机械产业链的整合，使中联重科从单一的业务发展成为中国产品链最丰富的工程机械制造企业之一，奠定了全球工程机械设备的领军企业地位，也增强了东道国企业的核心竞争力。

四、湖南工程机械产业向"一带一路"国家转移的模式创新

从湖南工程机械产业向"一带一路"国家产业转移与

融合发展的实践来看，湖南工程机械产业在进军海外的征途中，创新性地选择产业转移互惠共生模式，有效促进产业生态横向、纵向的连结与融合。

其中，三一重工通过多管齐下、强强联合、优势互补积极推进与"一带一路"国家合作，既加速实现了"一带一路"国家对于工业化和城镇化的需求，也在一定程度上缓解了国内诸多制造业企业的经营压力，为国际业务的拓展提供了新的动力来源；中联重科在向"一带一路"国家进行产业转移的过程中有着清晰的认识，即基于各共生单元之间的产业共生联系，由本地化的经营带动全球化的拓展，全方位融入全球生态产业链，实现全球资源的最优化配置和全体共生单元经济的跨越式发展，最终成功由单一的工程机械企业转型为集多板块业务领域于一体的全球高端装备制造企业，不断向全球价值链高端攀升；山河智能秉承产业互惠共生的理念，将企业自身发展融入"一带一路"国家当地经济的发展之中，重视所在市场诸多共生主体的各种诉求，虚心学习同行好的管理经验，积极参与"一带一路"国家和地区的重大项目建设，在提升沿线国家区域整体建设能力的同时，也带动了我国经济的高质量发展和产业转型升级。

总体上来讲，湖南工程机械产业以"走出去""走进去"的海外发展战略聚焦"一带一路"沿线重点布局，在交通运输、工业基础设施等重大项目中广泛开展合作，深化海外基地拓展与升级，创造开放和谐的产业生态格局，体现中国与"一带一路"国家间不同产业价值增值过程中的联系和互动，实现"1+1＞2"的协同效应，工程机械企业之间紧密配合形成有机整体，稳健、高效地融入"一带一路"建设。很显然，互惠共生产业转移模式是推进共建"一带一路"产业合作的重要方式。

第六章 中国与"一带一路"国家间产业转移共生发展的影响因素

实证检验影响中国与"一带一路"国家间产业转移共生发展的具体因素，为政策制定提供依据及经验借鉴。本章将主要讨论以下三个方面的内容：（1）产业共生水平对中国与"一带一路"国家间贸易潜力的影响；（2）东道国金融发展对中国与"一带一路"国家间产业合作的影响；（3）境外安全风险对中国企业向"一带一路"国家直接投资的影响。

第一节 产业共生水平对中国与"一带一路"国家间贸易潜力的影响

高质量共建"一带一路"旨在实现共生共享共赢，推进更高水平的对外开放。自 2013 年"一带一路"倡议提出以来,"一带一路"建设已经由开始的基础设施互联互通逐步走向互惠共生的经贸合作与产业融合。2020 年,我国与沿线国家货物贸易额达 1.35 万亿美元,占全国总体外贸的比重达到 29.1%;对沿线国家非金融类直接投资 177.9 亿美元,占全国对外投资的比重上升到 16.2%;在沿线国家承包工程完成营业额 911.2 亿美元,占全国对外承包工程的58.4%。截至目前,我国已与 172 个国家和国际组织签署了206 份共建"一带一路"合作文件。[①] 很显然,"一带一路"国家已成为我国构建"以国内大循环为主体、国内国际双循环相互促进"新发展格局的重要支点。加快形成深度融合、对称互惠的产业共生网络是高质量共建"一带一路"、实现更高水平对外开放的重要内容和主要途径。因此,科学测度中国与"一带一路"国家间产业共生水平,深入分析其差异程度、演变特征和阻碍因素,并进一步探讨产业共生对中国与"一带一路"国家间贸易潜力的影响,对于高质量共建"一带一路"具有重要的现实意义。

　　共生这一概念起源于生物学领域,由德国真菌学家德贝里于 1879 年给出定义和阐述,后来范明特、科勒瑞和斯哥特等学者对生物间的共生现象做出进一步研究,从而丰富和完善了共生理论。而且,共生不仅存在于自然界,也广泛存

---

　　① 资料来源:《商务部召开 2020 年商务工作及运行情况新闻发布会》,http://www.mofcom.gov.cn/xwfbh/20210129.shtml。

在于人类社会。20 世纪 90 年代，学者们意外发现了丹麦卡伦堡的工业共生体进而关注到"产业共生"这一经济现象，并且对产业共生的形成动因、要素、性质以及类型等问题展开了大量研究（Engberg, 1993[①]；Boons & Baas, 1997[②]）。总的来说，共生是个体紧密联系、共存共享的状态，共生关系的关键在于每个个体都能够因个体间的联系而繁荣发展（Zaccaro & Horn, 2003[③]）。国内首位对共生理论进行系统阐述和分析的学者是袁纯清，他不仅提出了共生系统的三个要素，还依据共生体间利益分配和组织行为提出了共生模式的具体类别（袁纯清, 1998[④]）。随后国内学者也对共生现象的动因、本质和特性等做了探究和总结，认为共生关系是经济体间出于环境适应目的而开展的互利合作，以共同进化作为共生发展的总趋势，具有包容性、协调性和互动性等特点（唐强荣和徐学军, 2008[⑤]；胡晓鹏, 2008[⑥]；王珍珍和鲍星

---

① Engberg H. Industrial Symbiosis in Denmark ［M］. NewYork：New York University, Stern School of Business Press, 1993.

② Boons F. A. A. , Baas L. W. Types of Industrial E-cology：The Problem of Coordination ［J］. Cleaner Prod, 1997, 5 (12)：79 – 86.

③ Zaccaro S. J. , Horn Z. N. J. Leadership Theory and Practice：Fostering an Effective Symbiosis ［J］. The Leadership Quarterly, 2003, 14 (6)：769 – 806.

④ 袁纯清. 共生理论——兼论小型经济 ［M］. 北京：经济科学出版社, 1998.

⑤ 唐强荣, 徐学军. 基于共生理论的生产性服务企业与制造企业合作关系的实证研究 ［J］. 工业技术经济, 2008, 27 (12)：81 – 83.

⑥ 胡晓鹏. 产业共生：理论界定及其内在机理 ［J］. 中国工业经济, 2008 (9)：118 – 128.

华，2012①）。

近年来，越来越多的学者从共生视角研究产业转移、产业结构和产业合作等问题（胡晓鹏和李庆科，2009②；刘友金等，2012③；孙畅，2017④），并将共生理论引入"一带一路"研究中。一些学者认为起源于种群生态学的共生理论对探索"一带一路"建设、构建合作共赢的新型国际关系即共生型国际关系具有高度适应性（夏立平，2015⑤；衣保中和张洁妍，2015⑥；王亚军，2018⑦；欧定余和彭思倩，2019⑧），指出当前"一带一路"国家共生关系日渐深入并针对"一带一路"产业融合和协同发展情况展开研究（金碚，2016⑨；姚

---

①　王珍珍，鲍星华．产业共生理论发展现状及应用研究［J］．华东经济管理，2012，26（10）：131－136.

②　胡晓鹏，李庆科．生产性服务业与制造业共生关系研究——对苏、浙、沪投入产出表的动态比较［J］．数量经济技术经济研究，2009，26（2）：33－46.

③　刘友金，袁祖凤，周静，姜江．共生理论视角下产业集群式转移演进过程机理研究［J］．中国软科学，2012（8）：119－129.

④　孙畅．产业共生视角下产业结构升级的空间效应分析［J］．宏观经济研究，2017（7）：114－127.

⑤　夏立平．论共生系统理论视阈下的"一带一路"建设［J］．同济大学学报（社会科学版），2015，26（2）：30－40.

⑥　衣保中，张洁妍．东北亚地区"一带一路"合作共生系统研究［J］．东北亚论坛，2015，24（3）：65－74，127－128.

⑦　王亚军．"一带一路"国际公共产品的潜在风险及其韧性治理策略［J］．管理世界，2018，34（9）：58－66.

⑧　欧定余，彭思倩．逆全球化背景下东亚区域经济共生发展研究［J］．东北亚论坛，2019，28（4）：59－70，128.

⑨　金碚．论经济全球化3.0时代——兼论"一带一路"的互通观念［J］．中国工业经济，2016（1）：5－20.

星等，2019①；金刚和沈坤荣，2019②）。一些学者聚焦中国与"一带一路"国家在制造业和文化产业方面的产业共生，通过构建共生水平综合评价体系量化中国与沿线国家产业融合和共生水平，提出在合作过程中对具体国家和行业应因地制宜、有所侧重，不断拓展合作范围和合作深度（张宏等，2019③；向勇和李尽沙，2020④）。此外，一些学者进一步从邻国汇率效应和产业链升级的角度出发，验证了中国与"一带一路"国家在双边贸易和产业转移上的互惠共生关系（李雄师等，2019⑤；刘友金等，2020⑥）。

关于中国与"一带一路"国家间贸易潜力的研究主要从国家和产业两个层面展开。部分学者从国家层面探究中国与"一带一路"国家的总体贸易潜力，发现中国与多数"一带一路"国家贸易潜力巨大，且总贸易效率和出口贸易

① 姚星，蒲岳，吴钢等. 中国在"一带一路"沿线的产业融合程度及地位：行业比较、地区差异及关联因素 [J]. 经济研究，2019，54（9）：172-186.

② 金刚，沈坤荣. 中国企业对"一带一路"国家的交通投资效应：发展效应还是债务陷阱 [J]. 中国工业经济，2019（9）：79-97.

③ 张宏，潘雨晨，刘震. 产业共生对中国制造业增加值出口的影响分析——以"一带一路"为背景 [J]. 山东大学学报（哲学社会科学版），2019（6）：67-76.

④ 向勇，李尽沙. 融合与共生："一带一路"文化产业合作发展指数研究 [J]. 深圳大学学报（人文社会科学版），2020，37（4）：56-65.

⑤ 李雄师，唐文琳，赵慧. 邻国汇率效应对中国与"一带一路"国家贸易的影响——基于动态空间计量模型的实证分析 [J]. 亚太经济，2019（3）：46-58，150.

⑥ 刘友金，尹延钊，曾小明. 中国向"一带一路"国家产业转移的互惠共生效应——基于双边价值链升级视角的研究 [J]. 经济地理，2020，40（10）：136-146.

效率均呈现非均衡分布（谭秀杰和周茂荣，2015[①]；孙金彦
和刘海云，2016[②]；廖泽芳等，2017[③]）。具体来说，在东南
亚、南亚、西亚、中亚和中东欧国家间，中国与东南亚国家
的贸易效率最高，而且在"一带一路"国家中，东南亚国
家是中国最大的贸易合作伙伴（张会清，2017[④]；宋周莺
等，2017[⑤]）；中国与西亚国家的贸易潜力大多数属于潜力
开拓类型，贸易效率虽然稳定但仍有提升空间（刁莉等，
2019[⑥]；张志新等，2019[⑦]）；中国与中东欧、中亚以及南亚
国家的贸易效率均较低，有较大的贸易提升空间（侯敏和邓
琳琳，2017[⑧]；徐俊和李金叶，2019[⑨]）。部分学者则从产业

① 谭秀杰，周茂荣. 21世纪"海上丝绸之路"贸易潜力及其影响因素——基于随机前沿引力模型的实证研究 [J]. 国际贸易问题，2015（2）：3-12.

② 孙金彦，刘海云."一带一路"战略背景下中国贸易潜力的实证研究 [J]. 当代财经，2016（6）：99-106.

③ 廖泽芳，李婷，程云洁. 中国与"一带一路"国家贸易畅通障碍及潜力分析 [J]. 上海经济研究，2017（1）：77-85.

④ 张会清. 中国与"一带一路"沿线地区的贸易潜力研究 [J]. 国际贸易问题，2017（7）：85-95.

⑤ 宋周莺，车姝韵，张薇. 我国与"一带一路"国家贸易特征研究 [J]. 中国科学院院刊，2017，32（4）：363-369.

⑥ 刁莉，邓春慧，李利宇."一带一路"背景下中国对西亚贸易潜力研究 [J]. 亚太经济，2019（2）：61-67，150-151.

⑦ 张志新，黄海蓉，林立. 中国与"一带一路"沿线西亚国家贸易关系及潜力研究 [J]. 华东经济管理，2019，33（12）：13-19.

⑧ 侯敏，邓琳琳. 中国与中东欧国家贸易效率及潜力研究——基于随机前沿引力模型的分析 [J]. 上海经济研究，2017（7）：105-116.

⑨ 徐俊，李金叶. 我国与"一带一路"国家贸易效率及其门槛效应——基于随机前沿模型和面板门槛模型 [J]. 中国流通经济，2019，33（5）：22-29.

层面分析中国与"一带一路"国家间的贸易潜力，主要包括农产品、工业制造产品和文化产品。从中国与沿线国家的农产品贸易潜力来看，我国对东南亚国家的农产品出口贸易效率较高，对中东欧和西亚国家的农产品出口规模较小，与其贸易潜力相对较高，对中亚和南亚国家的农产品出口效率仍处于较低水平，且中国对印度存在极大的农产品出口拓展空间（丁世豪和何树全，2019①；党琳静和赵景峰，2020②）。从中国与沿线国家的制造业贸易潜力来看，中国和东南亚国家的贸易效率最高，其次是南亚和中亚国家，与中东欧、中东以及西亚国家的贸易效率较低，同时也反映出中国与这些国家有较大的贸易潜力（潘雨晨和张宏，2019③）；从中国与沿线国家的文化产品贸易潜力来看，中国对东南亚国家的文化产品出口贸易效率同样较高，西亚和中东地区居中，对中东欧和中亚地区的出口贸易效率最低（方英和马芮，2018④）。

从现有文献综合来看，关于中国与"一带一路"国家间贸易潜力、产业合作的研究成果越来越丰富，但是专门测度

① 丁世豪，何树全. 中国对中亚五国农产品出口效率及影响因素分析 [J]. 国际商务（对外经济贸易大学学报），2019（5）：13 - 24.

② 党琳静，赵景峰. 中国对"一带一路"国家农产品出口的贸易效率与潜力预测 [J]. 西北农林科技大学学报（社会科学版），2020，20（1）：128 - 136.

③ 潘雨晨，张宏. 中国与"一带一路"国家制造业共生水平与贸易效率研究 [J]. 当代财经，2019（3）：106 - 117.

④ 方英，马芮. 中国与"一带一路"国家文化贸易潜力及影响因素：基于随机前沿引力模型的实证研究 [J]. 世界经济研究，2018（1）：112 - 121，136.

中国与"一带一路"国家间产业共生水平以及进一步探讨产业共生水平对中国与沿线国家间贸易潜力影响的研究比较少。本节从共生行为、共生环境和共生效益三个维度出发，构建包含贸易往来、产业转移和产业合作三个方面的产业共生水平综合评价指标体系，测度中国与沿线国家间产业共生水平并分析其演变特征，进而通过构建随机前沿引力模型探究产业共生水平对中国与"一带一路"国家间贸易潜力的影响。

一、中国与"一带一路"国家间产业共生水平测度

（一）产业共生水平综合评价指标体系构建

中国与"一带一路"国家间的共生行为、共生环境和共生效益从不同层面反映了中国与沿线国家间产业共生活动，三者相互交织、相互影响。产业共生环境影响贸易往来等产业共生行为的规模和密切程度，产业共生行为则是实现产业共生效益的重要途径，产业共生效益又是产业共生行为的核心动力，同时产业共生效益会促进产业共生环境的改变，三者共同作用于中国与"一带一路"国家间产业共生关系，共同决定了中国与沿线国家间产业共生水平。因此，将从共生行为、共生环境和共生效益三个维度，包含贸易往来、产业转移和产业合作三个方面，来构建产业共生水平综合评价体系，具体包括双边贸易结合度、双边投资额、对外

承包工程营业额、劳务合作外派人数等 17 个二级指标①，如表 6.1 所示。

表 6.1　中国与"一带一路"国家间产业共生水平综合评价体系

一级指标	二级指标	指标解释	数据来源
共生行为	出口结合度	中国与"一带一路"国家的出口关系	国家统计局和世界银行
	进口结合度	中国与"一带一路"国家的进口关系	国家统计局和世界银行
	对外投资额	中国对"一带一路"国家投资额（OFDI）	对外直接投资统计公报
	吸收外资额	"一带一路"国家对中国投资额（FDI）	国家统计局
	工程承包金额	中国对"一带一路"国家的工程承包情况	国家统计局
	劳务外派人数	中国与"一带一路"国家的劳务合作情况	国家统计局
共生环境	金融自由度	"一带一路"国家的金融环境	美国传统基金会
	投资自由度	"一带一路"国家的投资环境	美国传统基金会
	营商自由度	"一带一路"国家的营商环境	美国传统基金会
	政府执行力	"一带一路"国家的政府执行效率	世界银行
	政治稳定性	"一带一路"国家的政治稳定程度	世界银行
	社会法治程度	"一带一路"国家的社会法治情况	世界银行

---

① 张景琦. 中国与"一带一路"国家间产业共生水平及其对贸易潜力的影响研究［D］. 湘潭：湖南科技大学，2022.

一级指标	二级指标	指标解释	数据来源
共生效益	GDP 增长率	"一带一路"国家的经济发展情况	世界银行
	失业率	"一带一路"国家的劳动力就业情况	世界银行
	产业结构合理化指数	"一带一路"国家的产业结构合理化程度	世界银行
	产业结构高级化指数	"一带一路"国家的产业结构优化程度	世界银行
	贸易竞争力指数	"一带一路"国家的贸易竞争力情况	世界银行

（1）共生行为指标，衡量中国与"一带一路"国家在共生合作过程中贸易往来、产业转移和产业合作的规模和密切程度，是中国与沿线国家间产业共生关系强弱的直接体现。中国与"一带一路"国家在贸易往来中的共生合作采用贸易结合度来衡量，贸易结合度常用于衡量贸易关系的紧密程度，贸易结合度越大，表明中国与沿线国家的贸易关系越密切，反之则越疏远，具体计算公式为：

$$TI = (X_{ij}/X_i)/(M_j/M_w) \qquad (6.1)$$

其中，X_{ij}和X_i分别为i国对j国的出口额和i国的总出口额，M_j和M_w分别为j国进口总额和世界进口总额。鉴于国际投资是实现产业转移的重要方式，产业转移方面的共生行为选取中国对"一带一路"国家投资额以及实际利用沿线国家投资额两个指标，中国与"一带一路"国家间产业合作则由中国对沿线国家的承包工程合同金额和劳务合作外派人数来反映。

（2）共生环境指标，体现中国与"一带一路"国家间产业共生活动所处的外部环境，是中国与沿线国家共生关系发展的影响因素，包括经济环境和社会政治环境。"一带一路"国家经济环境和社会政治环境反映中国与沿线国家在产业转移等共生活动中企业主体面临的发展环境。经济环境包括投资自由度、金融自由度和营商自由度，指标数值越高则表明沿线国家对外商投资的限制越少，金融业开放程度越高，企业经营越便利。社会政治环境包括政府执行力、政治稳定性以及社会法治程度，指标数值越高则表明沿线国家具备更高效的政府管理、更稳定的政治环境和规范有效的法律体系。

（3）共生效益指标，反映中国与"一带一路"国家在双边贸易等产业共生活动下共生效益即共生新能量的大小和流动方向，是中国与沿线国家共生关系维持的核心动力。共生系统、共生体和共生行为不同会导致共生效益的表现存在差异，在"一带一路"产业共生系统中，中国与沿线国家进行双边贸易、产业转移和产业合作带来的共生效益主要体现在经济总量增长、就业增加、产业结构改善和贸易竞争力提升等方面，因此选用"一带一路"沿线各国 GDP 增长率、失业率、产业结构合理化指数、产业结构高级化指数以及贸易竞争力指数作为共生效益指标。产业结构合理化指数反映生产要素投入产出结构的耦合程度，一般常用结构偏离程度来衡量，例如干春晖等（2011）[①] 结合泰尔指数进行产业结构合理化测算，具体计算公式为：

$$TL = \sum_{i=1}^{n} \left(\frac{Y_i}{Y} \right) \ln\left(\frac{Y_i}{L_i} \Big/ \frac{Y}{L} \right) \tag{6.2}$$

其中，Y 表示产值；L 表示就业；i 表示产业部门。TL 指数越接近零，表明产业结构越合理，并对指标进行正向化处理。产业结构高级化指数反映产业结构规律性演变过程，付凌晖（2010）[②] 认为其表现为三次产业增加值占 GDP 比重沿第一、第二和第三产业的次序持续上升，并利用空间向量法计算产业高级化程度，其具体计算过程为利用三次产业增加值占 GDP 的比重构建空间向量 $X_0 = (X_{1,0}, X_{2,0}, X_{3,0})$，并将产业结构层次用空间向量从低至高表示为 $X_1 = (1,0,0)$，$X_2 = (0,1,0)$，$X_3 = (0,0,1)$，然后分别根据空间向量夹角公式计算 X_0 与 X_1、X_2、X_3 的夹角 θ_1、θ_2、θ_3，公式如下：

$$\theta_j = \arccos\left[\frac{\sum_{i=1}^{3} (x_{ij} \times x_{i,0})}{\left(\sum_{i=1}^{3} (x_{i,j}^2)^{1/2} \times \sum_{i=1}^{3} (x_{i,0}^2)^{1/2} \right)} \right] \tag{6.3}$$

---

① 干春晖，郑若谷，余典范. 中国产业结构变迁对经济增长和波动的影响 [J]. 经济研究，2011，46（5）：4–16，31.

② 付凌晖. 我国产业结构高级化与经济增长关系的实证研究 [J]. 统计研究，2010，27（8）：79–81.

则产业结构高级化指数 W 的计算公式为：

$$W = \sum_{k=1}^{3} \sum_{j=1}^{k} \theta_j, j = 1,2,3 \tag{6.4}$$

（二）中国与"一带一路"国家间产业共生水平测算

1. 数据来源

考虑数据的可获得性，选取 2011～2019 年中国与 35 个"一带一路"国家相关数据，具体包括南非、加纳、安哥拉、肯尼亚、尼日利亚、突尼斯、埃及、马里、韩国、蒙古、新加坡、马来西亚、柬埔寨、巴基斯坦、孟加拉国、尼泊尔、阿联酋、科威特、土耳其、沙特阿拉伯、伊朗、哈萨克斯坦、泰国、印度尼西亚、菲律宾、塞浦路斯、俄罗斯、希腊、波兰、意大利、智利、巴拿马、约旦、以色列和印度。中国对沿线国家的实际利用外商投资额、劳务合作外派人数以及承包工程合同金额来源于中国国家统计局，中国对沿线国家投资金额来源于中国对外直接投资统计公报，"一带一路"国家的 GDP 增长率、失业率、政府执行力、政治稳定性和社会法制情况来源于世界银行，金融自由度、营商自由度指数和投资自由度指数来源于经济自由度指数报告，中国对"一带一路"国家的出口结合度、进口结合度、沿线国家的贸易竞争力指数、产业结构合理化指数和产业结构高级化指数则依据中国国家统计局和世界银行相关数据测算获得。极个别缺失数据已用均值法处理。

2. 权重确定

在按时间顺序排列的多个平面数据表序列即时序立体数据表中，如果依次进行经典主成分分析，各平面数据表所得结果无法直接比较。鉴于此，将多个平面数据表依照时点顺序整合成时序数据表再进行主成分分析，即采用全局时序主成分分析。由于各指标的单位和量纲存在差异，对数据进行 z-score 标准化处理，消除量纲差异对分析结果的影响。具体处理过程如下：

$$x_{ij}^{*} = \frac{x_{ij} - \bar{x}}{\sigma} \qquad (6.5)$$

其中，X_{ij} 为 i 国在 j 指标上的原始数据，$\bar{x}$ 和 σ 分别为原始数据的均值和标准差。在进行主成分分析前对数据进行 KMO 和 Bartlett 球形检验，检验样本分布情况以及变量间的独立性。KMO 检验统计量均大于 0.6，Bartlett 球形检验统计量显著小于 0.05，表明样本满足分析要求。

（1）共生行为的主成分提取。

依据所得主成分特征值和累计方差贡献率，提取前三个主成分做分析，其累计方差贡献率为 78.216%，其中，中国与"一带一路"国家共生活动中资本和劳动力的流动在第一个主成分上载荷最大，故将其命名为要素流动规模，记作 F_{11}；中国与沿线国家的双边贸易结合度和承包工程营业额分别在第二个主成分和第三个主成分上载荷较大，则将其命名为贸易关系和基础建设合作，记为 F_{12} 和 F_{13}。根据成分系数得分矩阵，主成分用各指标表示如下：

$$F_{11} = 0.010X_{11} + 0.016X_{12} + 0.560X_{13}$$
$$+ 0.574X_{14} + 0.142X_{15} + 0.580X_{16} \qquad (6.6)$$

$$F_{12} = 0.651X_{11} + 0.608X_{12} + 0.011X_{13}$$
$$- 0.097X_{14} + 0.440X_{15} - 0.051X_{16} \qquad (6.7)$$

$$F_{13} = -0.180X_{11} - 0.454X_{12} + 0.119X_{13}$$
$$- 0.208X_{14} + 0.833X_{15} - 0.097X_{16} \qquad (6.8)$$

利用 F_{11}、F_{12} 和 F_{13} 三个主成分的方差贡献率作为权重，构建反映共生行为的综合得分项 F_1，F_1 的具体表达式如下：

$$F_1 = 0.508F_{11} + 0.296F_{12} + 0.196F_{13} \qquad (6.9)$$

（2）共生环境的主成分提取。

依据所得主成分特征值和累计方差贡献率，提取前两个主成分做分析，其累计方差贡献率为 82.184%，其中，"一带一路"国家金融自由度、政府执行力、政治稳定性和社会法治程度在第一个主成分上均有较大载荷，集中反映了产业共生活动中企业所面临的金融开放水平和社会政治环境情况，故将第一主成分命名为金融和社会政治环境，记为 F_{21}；

沿线国家的营商自由度和投资自由度在第二主成分上载荷较大，因此将其命名为融资和经营环境，记为 F_{22}。根据成分系数得分矩阵，主成分用各指标表示如下：

$$F_{21} = 0.415X_{21} + 0.363X_{22} + 0.347X_{23}$$
$$+ 0.460X_{24} + 0.377X_{25} + 0.471X_{26} \quad (6.10)$$
$$F_{22} = 0.430X_{21} + 0.619X_{22} - 0.598X_{23}$$
$$- 0.201X_{24} - 0.153X_{25} - 0.097X_{26} \quad (6.11)$$

利用 F_{21} 和 F_{22} 两个主成分的方差贡献率作为权重，构建反映共生环境的综合得分项 F_2，F_2 的具体表达式如下：

$$F_2 = 0.817F_{21} + 0.183F_{22} \quad (6.12)$$

（3）共生效益的主成分提取。

依据所得主成分特征值和累计方差贡献率，提取前三个主成分做分析，其累计方差贡献率为 71.694%，其中，"一带一路"国家的 GDP 增长率、失业率和产业结构高级化指数在第一个主成分上有较大载荷，反映了沿线国家的经济总量增长、失业改善和产业结构优化情况，将其命名为高质量发展并记为 F_{31}；沿线国家的贸易竞争力指数和产业合理化指数分别在第二个和第三个主成分上载荷较大，反映了沿线国家通过产业共生活动充分利用该国的比较优势和资源禀赋，实现贸易竞争力提升和产业投入产出结构调整，故将其分别命名为贸易竞争力提升和产业结构调整，记为 F_{32} 和

F_{33}。根据成分系数得分矩阵,主成分用各指标表示如下:

$$F_{31} = 0.516X_{31} + 0.454X_{32} + 0.359X_{33}$$
$$- 0.599X_{34} - 0.198X_{35} \quad (6.13)$$

$$F_{32} = -0.291X_{31} + 0.276X_{32} + 0.495X_{33}$$
$$- 0.001X_{34} + 0.771X_{35} \quad (6.14)$$

$$F_{33} = 0.402X_{31} + 0.116X_{32} - 0.697X_{33}$$
$$- 0.168X_{34} + 0.558X_{35} \quad (6.15)$$

利用 F_{31}、F_{32} 和 F_{33} 三个主成分的方差贡献率作为权重,构建反映共生效益的综合得分项 F_3,F_3 的具体表达式如下:

$$F_3 = 0.467F_{31} + 0.290F_{32} + 0.243F_{33} \quad (6.16)$$

(4)产业共生水平的测算。

鉴于主观赋权法在客观性上有所欠缺,采用熵值法确定共生行为、共生环境和共生效益三者权重。熵值法利用信息熵的特性来测算指标权重,熵的大小反映了信息的不确定性,当信息量越大时,不确定性越小,熵也就越小,相应的权重也就应该越大。首先计算第 j 个指标中各个体 i 所占的比重 P_{ij},利用该比重构建指标 j 的熵值 E_j,具体计算公式为:

$$E_j = -k\sum_{i=1}^{n} p_{ij}\ln(p_{ij}) \quad (6.17)$$

其中,$k = 1/\ln(m)$,m 为样本数量,令 $G_j = 1 - E_j$,则权重

为 $W = G_j \Big/ \sum G_j$。依据熵值法计算结果,共生行为、共生环境和共生效益三者的权重分别为 0.332、0.474 和 0.193,并根据此权重测算中国与"一带一路"国家间产业共生水平。

根据时序主成分分析结果和熵值法所得权重,测算 2011～2019 年中国与"一带一路"国家在产业共生行为、产业共生环境、产业共生效益和产业共生水平上的得分。同时为了直观反映"一带一路"国家各项得分,对数值做归一化处理,处理后各项得分范围均为 0～1。表 6.2 为中国与"一带一路"国家间产业共生水平评价结果,其中各项得分为 2011～2019 年均值并以此进行排名,此外按照 2011～2014 年、2014～2017 年和 2017～2019 年得分变动情况列出相应变动趋势。

(三)结果分析

1. 中国与"一带一路"国家间产业共生行为分析

从共生行为来看,2011～2019 年中国与"一带一路"国家间共生行为总体呈现明显上升趋势,表明中国与"一带一路"国家间产业共生活动规模和密切程度日渐提高。具体来看,与中国共生合作比较密切的国家包括新加坡、印度尼西亚、安拉哥、巴基斯坦和马来西亚等。中国与东盟国家由

表 6.2   中国与"一带一路"国家间产业共生水平评价结果

国家	产业共生行为			产业共生环境			产业共生效益			产业共生水平		
	得分	变动	排名	得分	变动	排名	得分	变动	排名	得分	变动	排名
南非	0.070	+ + -	23	0.476	+ - +	14	0.219	- - -	31	0.278	+ - +	20
加纳	0.105	+ + -	21	0.507	- + +	13	0.485	- + +	2	0.364	- + -	10
安哥拉	0.242	- + -	3	0.180	+ - -	32	0.396	- - -	9	0.189	+ + +	27
肯尼亚	0.130	+ + -	17	0.314	+ + +	23	0.378	- + +	12	0.227	+ + +	24
尼日利亚	0.161	+ - +	10	0.141	- + +	33	0.404	- + +	8	0.132	+ - +	33
突尼斯	0.002	- - -	35	0.311	- + +	24	0.278	+ - -	28	0.155	- + +	30
埃及	0.071	+ + +	22	0.296	- + +	26	0.290	- + +	24	0.175	- + +	28
马里	0.018	- + -	31	0.218	- - -	29	0.458	+ - -	4	0.135	- + -	32
韩国	0.226	+ + +	6	0.765	+ + -	3	0.312	- + -	20	0.547	+ - +	2
蒙古	0.176	- - -	9	0.457	+ - +	18	0.461	- - -	3	0.355	- - +	12
新加坡	0.687	+ + +	1	0.967	+ + -	1	0.290	- + -	25	0.860	+ + +	1
马来西亚	0.238	+ + +	5	0.583	+ - +	10	0.417	- + -	6	0.454	+ + +	4
柬埔寨	0.133	+ + +	14	0.300	+ - +	25	0.780	- + +	1	0.297	+ + +	17
巴基斯坦	0.240	+ + +	4	0.194	+ - -	31	0.372	- - -	17	0.193	+ - +	26
孟加拉国	0.120	+ + +	19	0.202	+ - -	30	0.370	- + +	18	0.149	+ - +	31
尼泊尔	0.042	+ - -	28	0.106	+ + +	34	0.282	- - -	27	0.038	+ - +	35
阿联酋	0.111	- + +	20	0.589	+ + +	9	0.375	- - -	15	0.398	+ + +	7
科威特	0.064	+ + +	25	0.464	- + +	17	0.389	- - +	10	0.301	- + +	16

续表

国家	产业共生行为			产业共生环境			产业共生效益			产业共生水平		
	得分	变动	排名	得分	变动	排名	得分	变动	排名	得分	变动	排名
土耳其	0.045	+ - -	26	0.473	+ - +	15	0.309	- - -	21	0.284	+ - -	19
沙特阿拉伯	0.205	+ - -	7	0.422	+ - +	19	0.375	- + +	14	0.328	- - +	14
伊朗	0.131	+ - -	15	0.026	+ + +	35	0.377	- - -	13	0.040	+ - -	34
哈萨克斯坦	0.152	- + -	12	0.369	+ + +	21	0.374	+ + +	16	0.272	+ - +	21
泰国	0.134	+ + +	13	0.466	+ - +	16	0.444	+ - -	5	0.341	+ + +	13
印度尼西亚	0.250	+ + +	2	0.347	+ - +	22	0.412	- + -	7	0.304	+ + +	15
菲律宾	0.131	+ - +	16	0.384	+ + +	20	0.352	+ - -	19	0.269	- + +	22
塞浦路斯	0.018	- - +	32	0.697	- - +	4	0.117	- + +	35	0.382	- + -	9
俄罗斯	0.157	+ - -	11	0.221	+ + +	28	0.307	- - -	22	0.164	- - -	29
希腊	0.010	- + +	33	0.509	- - +	12	0.131	+ + +	34	0.259	+ - +	23
波兰	0.005	+ - +	34	0.671	+ - +	6	0.287	- + +	26	0.392	+ - +	8
意大利	0.029	- + +	29	0.624	+ - +	7	0.212	+ + +	32	0.357	+ - +	11
智利	0.065	+ + +	24	0.771	+ - +	2	0.299	- - -	23	0.484	- - -	3
巴拿马	0.181	- + -	8	0.590	+ + +	8	0.275	- - -	29	0.408	+ + +	6
约旦	0.023	- + +	30	0.527	+ - +	11	0.184	- - +	33	0.286	+ - -	18
以色列	0.043	+ + +	27	0.693	+ - +	5	0.244	- - -	30	0.413	+ - +	5
印度	0.125	- + +	18	0.284	+ + +	27	0.380	+ - -	11	0.207	- + +	25

注:"+"和"-"分别表示"一带一路"国家各项得分在相应年份内呈增长和下降趋势。

于地理位置临近且贸易互补性强，长期以来都保持着良好的经贸合作关系。2020 年东盟与中国贸易额高达 6846 亿美元，首次超越美国成为中国第一大贸易伙伴，同时中国对东盟国家投资额同比增长了 52.1%，产业共生合作关系日益密切。[①]相比于上述国家，中国与安哥拉、巴基斯坦的贸易额虽然不大，但是中国对安哥拉的进口贸易结合度和对巴基斯坦的出口贸易结合度高于多数国家，且多年来两国和中国的贸易联系日渐紧密。从贸易位次来看，中国是安哥拉的第一大出口目的国和第一大进口来源国，是巴基斯坦的第二大出口目的国和第一大进口来源国。从产业转移和产业合作来看，"一带一路"倡议的提出和中巴经济走廊建设使得中国与安哥拉、巴基斯坦在产业转移和产业合作上同样关系密切。安哥拉是中国在非洲的第二大投资市场和第二大工程承包市场，巴基斯坦则是中国在南亚地区最大的投资目的国和重要的对外工程承包市场，巴基斯坦海尔—鲁巴经济区和瓜达尔自贸区的建成也为中巴两国产业转移和合作提供了重要平台。从与中国共生合作较为疏远的国家来看，塞浦路斯、希腊、波兰和突尼斯等受地理位置和长期对外关系影响，主要贸易伙伴和跨国资本流动集中于欧洲地区，马里则由于贸易结构等原因

---

① 资料来源：乘风破浪，后来居上：东盟成为 2020 年我国第一大货物贸易伙伴 [N/OL]. 中华人民共和国商务部，http://asean.mofcom.gov.cn/article/jmxw/202101/20210103030949.shtml.

和中国的经贸合作水平较低，无论是贸易往来、产业转移还是产业合作，中国和这些国家都仍然存在较大的提升空间。

2. 中国与"一带一路"国家间产业共生环境分析

从共生环境来看，2011～2019 年中国与"一带一路"国家间共生环境得分同样有较大幅度的上升，表明中国与"一带一路"国家间产业共生环境日渐优化，有利于推动中国与沿线国家间产业共生活动进一步展开。从共生环境良好的国家来看，新加坡和韩国长期拥有稳定有序的社会政治环境，政府廉洁高效、法律体系健全，同时营商环境宽松便利、对外开放程度高。智利是美洲地区除美国和加拿大外经济自由度最高的国家，拥有良好的营商环境和较少的市场准入限制，政治稳定且法律法规透明，社会治安情况近年来虽有下降但仍保持稳定。塞浦路斯南北分治，社会政治环境较为稳定，完善的经济管理体系对外商投资形成吸引，其得分虽然曾持续下降但近年来已明显好转。以色列是中东地区投资风险较低的国家，政局稳定且社会治安良好，资本和金融市场发展成熟，但与周边地区的紧张关系仍然使其存在一定风险。伊朗和尼泊尔等排名最末的国家都存在较高的政治风险和社会风险，同时对于金融行业和外商投资的限制也较多。

3. 中国与"一带一路"国家间产业共生效益分析

从共生效益来看，2011～2019 年中国与"一带一路"

国家间共生效益先下降后缓慢回升，表明中国与"一带一路"国家间产业共生效益转化尚不明显。具体来看，产业共生效益较高的沿线国家包括柬埔寨、加纳、蒙古、马里和泰国等国。柬埔寨充分利用了人口红利的经济优势，近年来经济持续高速增长，产业结构合理化水平不断提高。中国与柬埔寨间经贸合作关系深远密切，中国自 2011 年起就成为柬埔寨最大的外商直接投资来源地，承包柬埔寨金港高速公路等多项工程并共建西哈努克港经济特区等多个合作园区，促进了柬埔寨路桥、水利、通信和电网等基础设施建设改善和经济发展转型。此外，"一带一路"倡议与柬埔寨"四角战略"以及《2015～2025 工业发展计划》的对接也将进一步扩大两国在贸易、投资以及产能等方面的合作，实现更丰硕的互惠共生成果。蒙古和加纳的 GDP 增速在 2011 年分别达到 17.29% 和 14.05%，受国内债务危机和大宗产品国际价格下降影响，两国经济增长有所放缓但 2016 年后经济形势开始好转。部分原因在于加纳近年来重视外资吸收和营商环境改善，中国对加纳投资也逐渐增加，有利于对接加纳"一县一厂"战略促进工业化进程；而大宗商品价格上升和需求增长则为蒙古带来了经济增长，同时中蒙俄经济走廊建设和三国铁路过境运输合作达成进一步提高了跨境贸易便利化程度，为蒙古的经济发展带来了新机遇。不同于上述国家，马里经济增速稳定且产业结构合理化程度逐年提高，这得益于基础设施建设加强和重构工业化尝试，以及重视农业发展以实现粮食自给。泰国则在产业结构高级化上表现突出，为了大力发展高附加值产业以保持经济持续增长，泰国于2016年提出了"泰国4.0"战略同时大力推动"东部经济走廊项目"和"一带一路"建设对接，现今中泰铁路等基础建设合作项目建成和泰中罗勇工业园蓬勃发展为中国与泰国带来了切实的互惠共生效益，使得两国经贸合作愈发密切。南非等排名较末的国家均存在高失业率问题，其中南非和约旦的失业情况最为严重，在两国投资的企业还面临着当地劳工排外的社会冲突风险。意大利除了面临失业问题外，经济在2000~2018年几乎处于零增长状态，行政效率低和法律法规繁杂等问题也限制了中国扩大对意大利的投资合作。受2008年国际金融危机和2013年银行业危机影响，希腊和塞浦路斯曾面临经济低迷困境，GDP出现负增长，欧盟等国际组织对其实行金融援助，同时中国也加大了对两国的投资，近年来共生效益明显上升。

4. 中国与"一带一路"国家间产业共生水平分析

从产业共生水平来看，自2013年"一带一路"倡议提出以来，中国与"一带一路"国家间产业共生水平持续上升，表明"一带一路"建设对中国与沿线国家间产业共生水平具有显著促进作用。中国与沿线国家间产业共生水平在空间上呈现明显的非均衡分布特征，与中国产业共生关系密切的国家主要分布在东亚和东南亚地区，而产业共生关系较为疏远的国家主要集中在西亚、南亚和非洲地区。具体来看，中国与新加坡、韩国的产业共生水平远高于其他国家，而尼泊尔和伊朗两国则低于多数国家，主要原因在于沿线国家和中国的共生行为密切程度以及共生环境存在较大差异。产业共生水平较高的国家包括新加坡、韩国、智利和马来西亚等，中国和这些沿线国家在"一带一路"共建过程中形成了良好的互惠共生关系。具体来说，新加坡等国家在经济水平和产业发展规模等方面与中国匹配程度较高，拥有较优异的政治经济环境和良好的双边交流机制，双方在贸易往来、产业转移和产业合作方面起步早、发展快、规模大。尽管由于中国与这些国家在经济结构、发展水平和合作程度等方面存在差异，共生过程中可能存在着非对称的分配机制以及不同的获利程度，但双方都能从合作共生中获益，通过优化资源利用和发挥比较优势，促进共生系统中能量、物质和信息的产生与传递，实现经济增长和产业升级。总的来说，这些"一带一路"国家与中国在贸易往来、产业转移和产业合作方面都存在密切的合作关系，并且产业共生环境良好，有助于进一步扩大经贸合作深化互惠共生水平。中国与伊朗、尼泊尔等国家产业共生水平较低，除了共生效益转化尚不明显外，共生环境的不稳定性和高风险性也阻碍了双边经贸和产业的转移与合作。中国和尼泊尔等国家的合作共生在短期内呈现出较为明显的非对称互惠共生甚至偏利共生特征，尤其是在产能合作方面。中国对南亚、非洲等多数国家的承包项目集中在铁路、桥梁和能源等基础建设，如尼泊尔巴瑞巴贝引水隧道项目和尼日利亚阿布贾—巴罗—阿贾奥库塔中线铁路项目等，对于改善当地基础建设条件推动产业发展意义重大，同时短期经济效益明显，而中国从这些投资高、回报周期长，同时建设过程中存在一定风险的项目中直接获益仍需要较长时间。

二、产业共生对中国与"一带一路"国家间贸易潜力影响分析

在量化中国与"一带一路"国家间产业共生水平的基础上，构建随机前沿引力模型和贸易非效率模型，探究产业共生水平对中国与"一带一路"国家贸易潜力的影响，估算中国与"一带一路"国家的贸易效率与贸易潜力并作进一步分析。

（一）模型构建

随机前沿引力模型是在传统贸易引力模型的基础上借鉴缪森（Meeusen）和布洛克（Broeck）等学者针对生产函数中技术效率的分析方法形成的。随机前沿方法通过将贸易引力模型中的随机扰动项分离成外界随机冲击 ν 和贸易非效率

因素 u 来进一步分析贸易阻力，其中随机干扰项 ν 与非负的贸易非效率项 u 是相互独立的。

基于随机前沿方法的贸易引力模型的函数形式如下：

$$T_{ijt} = F(X_{ijt}, \beta) \exp(\nu_{ijt}) \exp(-u_{ijt}), u_{ijt} \geqslant 0 \quad (6.18)$$

通常对上式取自然对数线性化处理，则为：

$$\ln T_{ijt} = \ln F(X_{ijt}, \beta) + \nu_{ijt} - u_{ijt} \quad (6.19)$$

同时，贸易非效率项时变函数具体为：

$$u_{ijt} = \{\exp[-\eta(t-T)]\} u_{ij} \quad (6.20)$$

其中，T_{ijt} 为 i 国和 j 国的贸易量；X_{ijt} 为影响两国贸易额的核心解释变量，如两国国内生产总值和地理距离等；β 为核心解释变量的系数向量；ν_{ijt} 为模型中的随机扰动项；u_{ijt} 为贸易过程中的阻碍因素即贸易非效率项，一般情况下 $u_{ijt} > 0$，表明贸易过程中通常存在贸易阻力，贸易潜力无法充分实现，仅当促进因素与阻碍因素完全抵消时 $u_{ijt} = 0$。而且，当 $\eta > 0$ 时，贸易阻力随时间增加而减少；当 $\eta < 0$ 时，贸易阻力随时间增加而增加；当 $\eta = 0$ 时，贸易阻力不随时间变动，贸易非效率项时变模型转变为时不变模型。

在随机前沿引力模型中，贸易效率和贸易潜力的表达式为：

$$TE_{ijt} = \exp(-u_{ijt}) = T_{ijt}/T_{ijt}^* \quad (6.21)$$

$$T_{ijt}^* = F(X_{ijt}, \beta)\exp(\nu_{ijt}) = T_{ijt}/TE_{ijt} \qquad (6.22)$$

其中，TE_{ijt} 表示 i 国和 j 国的贸易效率，T_{ijt} 表示实际贸易额，T_{ijt}^* 表示贸易潜力。贸易非效率项越小表明贸易效率越大，实际贸易额越接近贸易潜力。当贸易非效率项为零时，贸易过程是无摩擦的，故此时贸易额达到可能的最大值即处于前沿水平。

1. 随机前沿引力模型构建

传统贸易引力模型认为，贸易前沿水平取决于经济规模、人口、地理因素等不易变动的自然因素，而将短期易变的其他因素归入贸易效率项，考察不同国家间贸易效率的差异。因此，随机前沿引力模型设定为如下形式：

$$\begin{aligned}
\ln T_{ijt} = {} & \beta_0 + \beta_1 \ln CGDP_{it} + \beta_2 \ln CGDP_{jt} + \beta_3 \ln POP_{it} \\
& + \beta_4 \ln POP_{jt} + \beta_5 \ln DIS_{ij} + \beta_6 LAND_{jt} + \nu_{ijt} - u_{ijt}
\end{aligned}$$

$$(6.23)$$

其中，变量下标 i 表示中国，j 表示"一带一路"国家，t 表示年份。引力模型中，被解释变量 T_{ijt} 表示在 t 年 i 国与 j 国的双边贸易量，解释变量包括：（1）中国人均国内生产总值（$CGDP_{it}$）与"一带一路"国家人均国内生产总值（$CGDP_{jt}$），反映了两国的经济发展水平和总体需求水平，一般来说人均GDP越大，该国产出水平和需求水平也越高因而总贸易量也越大；（2）中国人口总量（POP_{it}）与"一带一路"国家人口总量（POP_{jt}），该变量反映市场规模的大小，目标市场规模扩大将有利于贸易量增长，但国内市场规模扩大也会消耗一部分产出从而降低出口；（3）中国与"一带一路"各国的地理距离（DIS_{ij}），根据传统引力模型，运输成本的降低将提高贸易水平，故地理距离与两国间的贸易引力成反比；（4）"一带一路"国家是否为内陆国家（$LAND_j$），该变量以虚拟变量形式引入模型，当"一带一路"国家为内陆国家时取值为1，反之取值为0，内陆国家由于地理环境闭塞跨境交通便利度不高，国际贸易发展受到限制，故当"一带一路"国家为内陆国家时中国与其贸易额会降低。

2. 贸易非效率模型构建

为了探究影响双边贸易潜力实现的其他因素，进一步地构建贸易非效率模型并引入产业共生水平等变量，贸易非效率模型设定如下：

$$u_{ijt} = \alpha_0 + \alpha_1 SYM_{ijt} + \alpha_2 APEC_{jt} + \alpha_3 SCO_{jt}$$
$$+ \alpha_4 TRA_{jt} + \alpha_5 LPI_{jt} + \varepsilon_{ijt} \tag{6.24}$$

其中，变量下标 i 表示中国，j 表示"一带一路"国家，t 表示年份。非效率模型中，影响贸易潜力实现的因素包括：（1）中国与"一带一路"国家间产业共生水平（SYM_{ijt}），较高的产业共生水平反映了密切的经贸互动关系、良好的经贸环境和丰硕的合作成果，这都有利于促进两国间双边贸易发展,因此当中国与"一带一路"国家间产业共生水平越高时,贸易非效率因素越小,贸易潜力越易于实现;(2)"一带一路"国家是否为亚太经合组织($APEC_{jt}$)和上海合作组织(SCO_{jt})成员国,变量均为虚拟变量,参加区域合作经济组织后变量取值为 1,反之为 0,中国与"一带一路"国家共同加入区域合作经济组织有利于构建合作平台促进交流互动提升贸易便利化水平,对于降低阻力促进双边贸易发展有重要作用;(3)"一带一路"国家贸易自由度(TRA_{jt}),贸易自由度越高表明关税和非关税贸易壁垒越少,即该国对贸易往来的限制程度越低,则贸易阻力越少;(4)"一带一路"国家的物流运输水平(LPI_{jt}),物流运输水平越高贸易受阻程度越低,越有利于贸易潜力实现。

(二)数据来源

样本国包括中国和前述 35 个"一带一路"国家,研究区间为 2011~2019 年。中国与"一带一路"国家的总贸易额(T)来源于联合国国际贸易数据库(UN Comtrade);各国人均国内生产总值($CGDP$)和人口总数(POP)来源于世界银行,其中人均国内生产总值以 2010 年不变价美元计算;两国地理距离(DIS_{ij})以及是否具备共同语言($LANG$)来源于法国经济研究中心(CPEII);中国与"一带一路"国家间产业共生水平(SYM)基于本节的测度结果;"一带一路"国家是否加入亚太经合组织（$APEC_{jt}$）、上海合作组织（SCO_{jt}）来源于亚太经济合作组织官网、上海合作组织官网；"一带一路"国家贸易自由度（TRA）来源于美国传统基金会经济自由度指数报告，极个别缺失数据已用均值法处理；"一带一路"国家物流运输水平（LPI）来源于世界银行国际物流绩效指数报告，由于该报告每两年发布一次，因此参考王东方等（2018）的做法利用临近年份数值替代缺失值，即用 2010 年、2012 年、2014 年、2016 年、2018 年的指标值替代 2011 年、2013 年、2015 年、2017 年、2019 年的指标值。

（三）模型假设检验

由于随机前沿引力模型对模型形式设定的依赖性较强，进行回归分析前需要进行模型假设检验，包括：（1）随机前沿模型是否适用，即是否存在贸易非效率项；（2）贸易非效率项是否随时间变动。利用 Frontier 4.1 软件下有约束模型和无约束模型的对数似然函数值构建 LR 统计量，该统计量近似服从卡方分布，自由度为有约束模型中受约束条件的数目。LR 检验统计量的定义如下：

$$LR = -2(LL_R - LL_{UR}) \tag{6.25}$$

其中，LL_R 和 LL_{UR} 分别为模型在有约束条件和无约束条件下的对数似然函数值。表6.3为随机前沿引力模型假设检验结果,不存在贸易非效率项和贸易非效率项不随时间变化两项检验均在1%的水平上拒绝原假设,表明贸易非效率存在且具有时变性,应选择时变的随机前沿贸易引力模型。

表6.3 随机前沿贸易引力模型的假设检验

原假设(H_0)	对数似然函数值		LR 检验统计量	1% 临界值	检验结果
	有约束模型	无约束模型			
不存在贸易非效率项($\gamma = \mu = 0$)	-361.493	-29.892	663.201	9.210	拒绝
贸易非效率项不随时间变化($\eta = 0$)	-29.892	-24.702	10.38	6.635	拒绝

(四) 回归结果分析

1. 随机前沿引力模型回归结果分析

为了估计结果的稳健性,同时考虑到模型中存在虚拟变量且固定效应中个体效应不显著,本书同时进行了以中国与"一带一路"国家进出口总额和中国对"一带一路"国家出口额为因变量的时不变模型、时变模型以及随机效应时变模型回归,表6.4为随机前沿引力模型的回归结果。时变模型和时不变模型下 LR 检验统计量均大于1%临界值,表明贸易阻力是存在的,随机前沿方法是适用的。此外,γ 系数均高于0.90,表明贸易非效率项方差占联合随机扰动项方差比重超过90%,反映出误差多来源于贸易非效率项。以进

出口额为因变量的时变模型中 η 系数显著为正，表明中国与
"一带一路"国家的双边贸易阻力正在逐年减少。

表 6.4 随机前沿引力模型的回归结果

变量	进出口额			出口额		
	时不变模型	时变模型	随机效应时变模型	时不变模型	时变模型	随机效应时变模型
$\ln CGDP_{it}$	3.282 *** (37.955)	2.695 *** (14.133)	2.816 * (1.696)	6.358 *** (81.573)	6.427 *** (49.194)	6.411 *** (3.688)
$\ln CGDP_{jt}$	0.815 *** (7.832)	0.719 *** (8.948)	0.719 *** (8.686)	0.851 *** (15.895)	0.838 *** (12.662)	0.844 *** (13.335)
$\ln POP_{it}$	−42.280 *** (−172.247)	−41.497 *** (−151.802)	−43.03 ** (−2.062)	−79.443 *** (−569.743)	−79.468 *** (−539.595)	−79.323 *** (−3.610)
$\ln POP_{jt}$	0.701 *** (5.380)	0.773 *** (9.459)	0.772 *** (9.182)	0.504 *** (14.559)	0.497 *** (12.524)	0.497 *** (13.901)
$\ln DIS_{ij}$	−0.423 *** (−2.241)	−0.841 *** (−5.416)	−0.841 *** (−5.430)	−0.401 *** (−4.102)	−0.407 ** (−4.082)	−0.412 *** (−3.937)
$LAND_{jt}$	−0.629 (−1.023)	−1.644 *** (−5.621)	−1.644 *** (−5.450)	−1.048 *** (−7.441)	−1.023 *** (−6.313)	−1.031 *** (−6.656)
C	487.107 *** (488.912)	487.193 *** (349.198)	504.277 ** (2.170)	899.786 *** (903.096)	899.714 *** (902.549)	898.110 *** (3.671)
σ^2	0.832 *** (2.236)	0.778 *** (2.834)	0.778 —	4.441 ** (2.072)	4.688 ** (2.126)	10.911 —
γ	0.950 *** (41.415)	0.949 *** (51.142)	0.949 —	0.990 *** (183.232)	0.991 *** (216.785)	0.996 —
μ	1.137 *** (2.860)	1.223 *** (4.651)	1.223 *** (4.656)	−4.194 (−1.399)	−4.310 ** (−2.247)	−12.285 (−0.225)

续表

变量	进出口额			出口额		
	时不变模型	时变模型	随机效应时变模型	时不变模型	时变模型	随机效应时变模型
η	—	0.023 *** (4.208)	0.023 *** (4.196)	—	−0.005 (−0.764)	−0.005 (−0.687)
对数似然值	−29.892	−24.702	−24.699	−26.564	−26.305	−26.250
LR 检验量	663.201	673.582	—	526.836	527.354	—

注:*、** 和 *** 分别表示系数在10%、5%和1%的水平上显著,括号内为 t 值或 z 值。

两类回归的时不变模型、时变模型和随机效应时变模型中,解释变量的系数和显著性均有较高的一致性,表明回归结果是稳健可靠的。具体来看,(1)中国国内人均生产总值($CGDP_i$)和"一带一路"国家国内人均生产总值($CGDP_j$)均对中国与"一带一路"国家的贸易水平有正向影响,且系数基本在1%的水平上显著,表明中国与"一带一路"国家的经济发展水平越高,其产出能力和需求也越高,贸易潜力也越大。此外,从系数的数值大小来看,中国国内人均生产总值($CGDP_i$)远高于"一带一路"国家国内人均生产总值($CGDP_j$),反映出中国国内供给能力对于提高双边贸易水平具有关键作用。(2)"一带一路"国家人口总量(POP_j)系数为正且在1%的水平上显著,但中国人口总量(POP_i)系数则在1%以上的水平显著为负,反映出超过一定规模的国内市场和高水平的国内需求会消耗部分供给从而降低中国与"一带一路"国家的贸易水平。(3) 中国和"一带一路"国家的地理距离(DIS_{ij})的系数为负,且显著性基本保持在1%的水平上,反映出中国与"一带一路"国家地理距离的增加会降低两国贸易水平,这也是中国与东盟国家贸易水平高于其他区域国家的重要原因。(4)"一带一路"国家是否为内陆国家($LAND_j$)这一虚拟变量与两国间贸易总额为负相关,除时不变模型外其系数均在1%的水平上显著,反映出地理条件的闭塞和交通运输的不便性阻碍了贸易往来,降低了中国与该类国家的贸易水平。

2. 贸易非效率模型回归结果分析

关于贸易非效率模型的回归存在"两步法"和"一步法"两种方法。"两步法"基于随机前沿引力模型所得到的贸易非效率估计值回归分析外生变量 z 对贸易非效率项的影响,但该方法对贸易非效率项 μ 和外生变量 z 的假设存在较为严重的问题导致回归结果有误,而"一步法"将贸易非效率项设定为关于特定影响因素的函数并纳入随机前沿引力模型中一同回归,弥补了"两步法"的缺陷。鉴于"两步法"在参数假设上有所矛盾,故采用"一步法"进行回归分析,检验产业共生水平对中国与"一带一路"国家双边贸易潜力的影响。由表 6.5 的回归结果可知,尽管表 6.4 中以中国对"一带一路"国家出口额为因变量的随机前沿引力模型的时变性并不显著，但贸易非效率模型中两类回归的变量符号与显著性都保持了较高的一致性，反映出回归结果的稳健性和可靠性。

表 6.5　　　　　　　贸易非效率模型回归结果

模型	变量	进出口额		出口额	
		系数	t 值	系数	t 值
随机前沿引力模型	$\ln CGDP_{it}$	3.205 ***	17.666	6.242 ***	39.902
	$\ln CGDP_{jt}$	0.775 ***	16.447	0.407 ***	11.320
	$\ln POP_{it}$	-42.197 ***	-233.430	-79.153 ***	-494.205
	$\ln POP_{jt}$	0.581 ***	8.529	0.694 ***	19.079
	$\ln DIS_{ijt}$	-0.301 ***	-7.279	-0.203 ***	-3.251
	$LAND_{jt}$	-0.233	-0.942	-0.359 **	-2.637
	C_1	486.631 ***	480.842	899.119 ***	902.653
贸易非效率模型	SYM_{ijt}	-6.973 ***	-5.397	-4.169 ***	-9.143
	$APEC_{ijt}$	-3.181 **	-2.421	-0.386 ***	-4.044
	SCO_{jt}	-0.489 *	-1.797	-0.305 ***	-4.195
	TFR_{jt}	0.091 ***	6.220	0.021 ***	4.147
	LPI_{jt}	-0.040	-0.162	-0.352 **	-2.425
	C_2	-3.639 ***	-3.517	2.829 ***	6.464
	γ	0.578	4.898	0.210	11.102
	σ^2	0.861	22.097	0.999	101435.850
	对数似然值	-254.474	—	-183.303	—
	LR 检验量	214.038		213.358	

注：*、** 和 *** 分别表示系数在 10%、5% 和 1% 的水平上显著。

贸易非效率模型中，(1) 中国和"一带一路"国家间产业共生水平（SYM_{ij}）对贸易非效率有显著负向影响，表明产业共生水平提升有利于减少贸易阻力，促进中国与"一带一路"国家双边贸易潜力的实现，这是由于高水平的产业共生关系不仅代表着密切的经贸往来，同时也反映出日渐完善的共生环境和良好的共生效益，具体表现为"一带一路"五通建设的循序推进和"一带一路"国家经济效益的增长，这都将有利于释放中国与"一带一路"国家双边贸易潜力加快达到贸易前沿水平；(2)"一带一路"国家是否参与亚太经合组织（$APEC_{jt}$）和上海合作组织（SCO_{jt}）的系数均为负，表明共同加入国际经济合作组织有利于推动中国与"一带一路"国家交流合作，降低贸易成本，减少贸易阻力；(3)"一带一路"国家贸易自由程度（TFR_{jt}）系数与预期相反，这是由于多数样本国为经济基础较薄弱的欠发达小国，自由化程度的提高将加大国际贸易对国内市场的冲击，不利于双边贸易发展和潜力释放；(4)"一带一路"国家物流运输水平（LPI_{jt}）系数为负，虽然显著性水平不高但仍表明"一带一路"国家物流能力与质量提升有利于加快实现中国与"一带一路"国家双边贸易潜力。

（五）贸易效率与贸易潜力测算

根据贸易非效率模型的估计结果获得中国与"一带一路"国家双边贸易效率估计结果，如表6.6所示。

表 6.6 中国与"一带一路"国家的贸易效率

国家	2011 年	2013 年	2015 年	2017 年	2019 年
南非	0.717	0.815	0.695	0.624	0.658
加纳	0.435	0.535	0.661	0.666	0.669
安哥拉	0.853	0.877	0.719	0.853	0.850
肯尼亚	0.235	0.303	0.522	0.454	0.448
尼日利亚	0.268	0.307	0.314	0.324	0.423
突尼斯	0.134	0.126	0.117	0.127	0.115
埃及	0.252	0.251	0.320	0.284	0.329
马里	0.145	0.127	0.107	0.122	0.159
韩国	0.909	0.908	0.910	0.902	0.901
蒙古	0.758	0.638	0.600	0.679	0.727
新加坡	0.894	0.906	0.924	0.919	0.918
马来西亚	0.924	0.930	0.924	0.924	0.932
柬埔寨	0.395	0.516	0.558	0.649	0.843
巴基斯坦	0.351	0.428	0.551	0.603	0.525
孟加拉国	0.352	0.393	0.482	0.484	0.494
尼泊尔	0.201	0.329	0.142	0.152	0.220
阿联酋	0.451	0.522	0.538	0.485	0.551
科威特	0.261	0.267	0.246	0.281	0.384
土耳其	0.176	0.199	0.182	0.193	0.173
沙特阿拉伯	0.594	0.636	0.478	0.477	0.684
伊朗	0.681	0.627	0.578	0.536	0.359
哈萨克斯坦	0.597	0.622	0.332	0.469	0.504
泰国	0.877	0.887	0.886	0.887	0.897
印度尼西亚	0.799	0.812	0.736	0.768	0.834
菲律宾	0.785	0.816	0.852	0.862	0.870
塞浦路斯	0.082	0.074	0.044	0.041	0.042
俄罗斯	0.722	0.677	0.610	0.722	0.777
希腊	0.082	0.075	0.078	0.103	0.157

续表

国家	2011 年	2013 年	2015 年	2017 年	2019 年
波兰	0.174	0.191	0.209	0.253	0.299
意大利	0.239	0.210	0.214	0.245	0.262
智利	0.862	0.870	0.858	0.870	0.879
巴拿马	0.850	0.733	0.601	0.496	0.531
约旦	0.250	0.295	0.299	0.259	0.324
以色列	0.174	0.188	0.184	0.213	0.231
印度	0.621	0.506	0.504	0.516	0.517

总体上，中国与多数样本国家的贸易效率逐年上升，说明随着共建"一带一路"高质量发展，阻碍中国与"一带一路"国家双边贸易的非效率因素正在明显减少。从地区差异程度来看，中国与样本国家的贸易效率同样呈现出较明显的地域分布特征，以 2019 年为例，双边贸易效率高于 0.8 的样本国集中在东南亚地区，如韩国、新加坡、马来西亚等国，表明贸易过程中受到的人为限制较少，现有市场趋于饱和，应扩大共生合作范围发展新的贸易增长点；双边贸易效率低于 0.4 的样本国分布较广泛，包括非洲、欧洲、中亚和南亚地区，如马里、希腊、以色列和尼泊尔等国家，表明中国与这些国家的贸易潜力尚未充分释放，贸易拓展空间很大，应当积极推动双边谈判优化产业共生环境。

进一步，根据实际贸易额与贸易效率的比值推算贸易潜力，再利用贸易潜力减去实际贸易额的差值除以实际贸易额测算贸易拓展空间。由于篇幅限制，表 6.7 仅列出 2019 年中国与"一带一路"国家的实际贸易额、贸易潜力与贸易拓展空间，并基于该年结果展开分析。

表6.7　2019年中国与"一带一路"国家的实际贸易额、贸易潜力、

贸易拓展空间

单位：亿美元

国家	实际贸易额	贸易潜力	贸易拓展空间	国家	实际贸易额	贸易潜力	贸易拓展空间
南非	424.92	645.41	5.19	土耳其	208.23	1207.01	47.97
加纳	74.51	111.31	4.94	沙特阿拉伯	781.82	1142.38	4.61
安哥拉	253.66	298.54	1.77	伊朗	230.1	641.10	17.86
肯尼亚	51.66	115.40	12.34	哈萨克斯坦	220.66	437.43	9.82
尼日利亚	192.86	456.01	13.64	泰国	917.54	1022.40	1.14
突尼斯	15.74	136.93	76.99	印度尼西亚	796.78	955.22	1.99
埃及	132.14	401.46	20.38	菲律宾	609.28	700.29	1.49
马里	5.96	37.48	52.89	塞浦路斯	6.33	149.60	226.34
韩国	2845.38	3158.17	1.10	俄罗斯	1097.42	1411.82	2.86
蒙古	80.97	111.34	3.75	希腊	84.66	538.46	53.60
新加坡	901.94	982.50	0.89	波兰	278.5	929.98	23.39
马来西亚	1241.12	1332.23	0.73	意大利	548.32	2089.11	28.10
柬埔寨	94.45	112.04	1.86	智利	409.79	465.98	1.37
巴基斯坦	179.91	342.46	9.03	巴拿马	83.92	158.09	8.84
孟加拉国	183.72	371.94	10.24	约旦	41.67	128.60	20.86
尼泊尔	15.17	68.89	35.41	以色列	146.74	635.18	33.29
阿联酋	485.38	881.51	8.16	印度	928.94	1795.80	9.33
科威特	172.77	450.46	16.07				

由计算结果可知，2019年中国与样本国贸易潜力最高的五个国家分别韩国、意大利、印度、俄罗斯和马来西亚。

韩国、印度、马来西亚、俄罗斯四国与中国地理相邻、文化相近，长期以来一直与中国保持着密切的贸易伙伴关系，是共建"一带一路"过程的重点合作伙伴，但同时印度对"一带一路"倡议的复杂态度以及中印敏感关系也使得双边合作发展并不理想；中国是意大利在亚洲的第一大贸易伙伴，中意经贸关系良好且近年来贸易水平持续上升，意大利加入"一带一路"倡议更为双方拓展合作领域深化贸易投资水平提供了新机遇。马里、尼泊尔、加纳、蒙古和柬埔寨则是样本国中与中国贸易潜力排名靠后的五个国家。马里与尼泊尔受经济水平影响总体需求较低，且基础设施薄弱、物流服务短缺，与中国一直保持较小的贸易规模，双边贸易效率长期处于偏低水平；加纳、柬埔寨和蒙古受地理位置、贸易结构等因素影响，经贸发展有所受限，且近年来三国与中国的贸易效率均高于 0.65，贸易可拓展空间较小。

三、小结

（1）2011~2019 年中国与"一带一路"国家间产业共生行为、产业共生环境以及产业共生水平显著提升，产业共生效益转化尚不明显。中国与沿线国家间产业共生水平空间分布不均衡特征明显，高产业共生水平国家集中在东南亚和东亚地区，低产业共生水平国家主要分布在西亚、南亚和非洲地区，其中中国与新加坡、智利、韩国和马来西亚等国家具有较高的互惠共生水平，而与尼泊尔、伊朗和尼日利亚等国家的产业共生水平偏低。

（2）中国与"一带一路"国家间产业共生水平上升将显著提高中国与沿线各国间双边贸易潜力。与"一带一路"国家人均 GDP 相比，中国人均 GDP 提高对于促进中国与沿线国家间贸易潜力影响更强烈。人口规模即目标市场的扩大在一定程度上有利于贸易潜力提高，但过大的国内市场和过高的国内需求将消耗部分国内供给从而降低贸易潜力。

（3）中国与"一带一路"国家间产业共生水平提升有利于释放双边贸易潜力，很显然，中国与"一带一路"国家间产业共生关系越紧密互惠，越有利于双边经济贸易合作发展。此外，共建"一带一路"国家加入亚太经合组织、上海合作组织以及其物流运输水平和贸易自由程度的提升，都能促进双边贸易潜力的实现。中国与多数样本国家的贸易效率逐年上升且出现较明显的地域分布特征，高贸易效率国家集中在东南亚地区，而双边贸易效率偏低的国家分布较为广泛，包括非洲、欧洲、中亚和南亚地区。

（4）为提高中国与"一带一路"国家间产业共生水平，建议促进中国与"一带一路"国家共生合作，提高海关监管和通关效率优化贸易环境，推动自贸协议升级和境外经贸合作区建成，依托对外投资集聚区等平台扩大产能合作，完善境外投资信息平台和经贸合作网络服务平台，提高国别投资合作环境相关信息披露度；优化共生环境，促进生活生产相关基础建设项目落成，完善中欧班列等项目管理，借助丝路基金等金融机构加大对"一带一路"的金融支持，加强与波兰等具有良好共生环境国家间合作，提高对巴基斯坦等潜在需求巨大的南亚国家的辐射力度，寻求新的合作契机；共建互利合作网络，提高基础建设等合作项目包容性，妥善处理劳资关系，构建多边合作交流平台，促进文化交流和科技创新合作，扩大战略互信，推动"一带一路"建设与沿线国家发展规划对接合作，加强重点领域合作共识，降低产能合作项目风险性和无序性，提高共生效益。

第二节 东道国金融发展对中国与"一带一路"
国家间产业合作的影响

自 2013 年提出共建"一带一路"倡议以来，"政策沟通、设施联通、贸易畅通、资金融通、民心相通"的五通建设取得了长足发展。2020 年中国对"一带一路"国家投资实现较快增长，非金融类直接投资 177.9 亿美元，同比增长18.3%，占同期总额的 16.2%，较上年提升 2.6 个百分点，新加坡、印度尼西亚、老挝、越南、柬埔寨等东南亚国家为主要流向的国家和地区，投资行业以租赁和商务服务业、金融业、制造业、批发和零售业为主。除了直接投资，中国与沿线国家在对外承包工程方面也合作密切，2020 年中国企业在"一带一路"国家新签承包工程合同额 1414.6 亿美元，完成营业额 911.2 亿美元，分别占同期总额的 55.4% 和 58.4%，涵盖了交通运输、石油化工等多个产业方面。① 随着中国与"一带一路"国家的国际合作从基础设施建设逐步深化到产业转移与合作，资金融通已日趋常态化，但是与其他"四通"相比，"资金融通"发展相对滞后。尤其是在加快构建以国内大循环为主体、国内国际双循环相互促进的新发展格局下，推动高质量共建"一带一路"离不开金融支持，而且，不仅需要母国金融支持，更需要东道国金融发展，东道国金融发展越来越成为影响中国与"一带一路"国家间产业转移与合作的重要因素。扩大金融发展规模、优化金融发展结构、提升金融发展效率可以有效促进中国与"一带一路"国家间产业转移与合作，推动共建"一带一路"高质量发展。

关于产业转移的研究，早期国外学者主要从要素禀赋、比较优势、资本积累、劳动者技能和技术溢出等不同角度展

---

① 资料来源：商务部召开例行新闻发布会（2021 年 1 月 21 日）[N/OL]. 商务部网站，http://www.mofcom.gov.cn/xwfbh/20210121.shtml.

开，形成了雁行发展理论（赤松要，1962①）、边际产业转移理论（小岛清，1973②）、产品生命周期理论（弗农，1966③）、国际生产折衷理论（邓宁，1988④）等经典理论。主要观点有：发达国家劳动力成本比较优势的丧失导致国际产业转移；发展中国家劳动力丰富程度、关税、运输成本等要素禀赋差异是承接产业转移的影响因素；跨国公司直接投资是国际产业转移的主要方式，并偏好向规模经济程度高的国家或地区投资。近年来，国内学者也高度关注产业转移问题研究，产业转移对产业整合升级的促进作用能够同时改善转移国和承接国的产业结构（王先庆，1997⑤），产业转移与产业结构之间存在着相互促进的双向关系（戴宏伟和王云平，2008⑥）。而且，部分学者从价值链的角度研究产业转移，产业空间通过价值链的分拆可实现知识及资本密集型和

①　Akamatsu K. A Historical Pattern of Economic Growth in Developing Countries [J]. The Developing Economies, 1962 (1): 3 – 25.

②　Kojima K. Reorganization of North-South Trade: Japan's Foreign Economic Policy for the 1970s [J]. Hitotsubashi Journal of Economics, 1973, 13 (2): 1 – 28.

③　Vernon R. International Investment and International Trade in the Product Cycle [J]. Quarterly Journal of Economics, 1966 (2): 190 – 207.

④　Dunning J. H. The Eclectic Paradigm of International Production: A Restatement and Some Possible Extensions [J]. Journal of International Business Studies, 1988, 19 (1): 1 – 31.

⑤　王先庆. 跨世纪整合：粤港产业升级与产业转移 [J]. 广东财经大学学报，1997 (2): 31 – 36.

⑥　戴宏伟，王云平. 产业转移与区域产业结构调整的关系分析 [J]. 当代财经，2008 (2): 93 – 98.

劳动密集型产业的分离，利用外包、外商直接投资等方式可将品牌经营和加工制造进行分离（胡俊文，2004[①]）。在生产达到标准化的基础上催生了产品内分工，新一轮国际产业转移由此形成并通过价值链在不同国家的重组来实现（刘友金和胡黎明，2011[②]）。中国在承接价值链模式的产业转移时，要充分考虑中国实际发展情况，要充分重视国内市场发展，推动中国技术实现当地化（张少军和刘志彪，2009[③]）。在"一带一路"建设中，由于沿线国家在自然资源、劳动力工资、市场规模方面相对中国具有比较优势，而中国则在技术水平、产业结构方面相对具有比较优势，因此，中国与沿线各国的共建合作有利于推动中国企业向外进行产业转移，中国也能够更有效地承接全球高端制造业和服务业的转移，提升中国产业竞争力和全球价值链地位。学者们从多个角度研究中国与"一带一路"国家间产业转移，如产业共生视角（张倩肖和李佳霖，2021[④]；刘

① 胡俊文. 国际产业转移的理论依据及变化趋势——对国际产业转移过程中比较优势动态变化规律的探讨 [J]. 国际经贸探索，2004（3）：15 – 19.

② 刘友金，胡黎明. 产品内分工、价值链重组与产业转移——兼论产业转移过程中的大国战略 [J]. 中国软科学，2011（3）：149 – 159.

③ 张少军，刘志彪. 全球价值链模式的产业转移——动力、影响与对中国产业升级和区域协调发展的启示 [J]. 中国工业经济，2009（11）：5 – 15.

④ 张倩肖，李佳霖. 新时期优化产业转移演化路径与构建双循环新发展格局——基于共建"一带一路"背景下产业共生视角的分析 [J]. 西北大学学报（哲学社会科学版），2021，51（1）：124 – 136.

友金等，2020①）、区位选择视角（王鑫静等，2019②）、全球价值链视角（彭薇和熊科，2018③；陈健和龚晓莺，2018④），对于产业转移转出国而言，东道国政治环境是否稳定、地理距离是否合适等也是在选择承接国或地区时需要考虑的重要因素（赵宏图，2019⑤）。

关于金融发展的研究主要集中在金融发展对经济增长的影响。戈德史密斯（Goldsmith，1969）⑥ 最早提出金融相关比率且最广泛地被学者们所应用，指出金融机构通过提供金融工具、创新金融产品吸收社会闲置资金，从而为市场上有融资需求的主体提供资金支持。麦金农（McKinnon，1973）⑦和肖（Shaw，1973）⑧ 从不同角度提出金融深化理论，指

① 刘友金，尹延钊，曾小明.中国向"一带一路"国家产业转移的互惠共生效应——基于双边价值链升级视角的研究 ［J］.经济地理，2020 (10)：136 – 146.

② 王鑫静，程钰，王建事等.中国对"一带一路"国家产业转移的区位选择 ［J］.经济地理，2019 (8)：95 – 105.

③ 彭薇，熊科.全球价值链嵌入下"一带一路"国家产业转移研究——基于世界投入产出模型的测度 ［J］.国际商务（对外经济贸易大学学报），2018 (3)：38 – 48.

④ 陈健，龚晓莺.中国产业主导的"一带一路"区域价值链构建研究 ［J］.财经问题研究，2018 (1)：43 – 49.

⑤ 赵宏图.从国际产业转移视角看"一带一路"——"一带一路"倡议的经济性与国际性 ［J］.现代国际关系，2019 (3)：38 – 45, 64.

⑥ Goldsmith R. W. Financial Structure and Development ［M］. Yale University Press, 1969.

⑦ McKinnon R. Money and Capital in Economic Development ［M］. Brookings Institution, 1973.

⑧ Shaw E. S. Financial Deepening in Economic Development ［M］. Oxford University Press, 1973.

出政府不应该对市场进行太多、太过强制性的管制，应当让市场供求去决定利率而不是由政府来决定。金融可以通过其货币供给功能和金融体系相关配套功能来对市场资源进行配置，从而对经济发展发挥引导作用，在现代市场经济的投资活动中，若政府实行金融抑制政策，会导致储蓄扩张和结构优化的减慢，金融体系无法正常发挥其资金配置功能，间接抑制了投资和经济增长（白江，2014 [①]）。国内学者通过研究发现，在多数情况下一国或一个地区的金融发展的经济增长作用是正向的（邵宜航等，2015[②]）；但部分国家或地区由于存在金融结构调整不及时、地方政府债务、经济欠发达、金融环境滞后、政府对市场的干预不适当等问题，导致一国或一个地区的金融发展对经济增长的促进作用变弱或者直接转变为抑制作用（赵志华等，2005 [③]；王金波，2018[④]）。随着"一带一路"建设的深入，学者们开始关注沿线国家金融发展对中国 OFDI 的影响。中国"走出去"企业的境外发展离不开东道国的金融支持，

[①] 白江. 金融抑制、金融法治和经济增长 [J]. 学术月刊，2014（7）：69－78.

[②] 邵宜航，刘仕保，张朝阳. 创新差异下的金融发展模式与经济增长：理论与实证 [J]. 管理世界，2015（11）：29－39.

[③] 赵志华，贺光明，杨海平. 内蒙古地区金融效率及其对经济增长支持的实证研究 [J]. 金融研究，2005（6）：145－153.

[④] 王金波. 金融发展、技术创新与地区经济增长——基于中国省际面板数据的实证研究 [J]. 金融与经济，2018（1）：57－64.

同时，沿线各国也表现出强烈的金融需求，如融资、保险服务、风险防控等，金融体系要对沿线各国的金融需求给予全面支持（王敏等，2015[①]）。另外，有研究还考虑了影响东道国金融发展的其他因素，例如制度因素（文淑惠等，2019[②]）、技术溢出（雷红，2019[③]）、通信设施（方齐云和张思滢，2020[④]）、投资便利化（左思明和朱明侠，2019[⑤]），等等。

关于金融发展与产业转移的关系，早在工业革命时期，就有学者从理论层面阐释金融发展对于推动工业革命的重要作用。研究认为，较为发达的金融体系更加能够吸引资本流入，为东道国引入更具创新活力的跨国企业。一方面，能够推动东道国企业发展；另一方面，通过为产业转移提供金融服务从而促进东道国实现经济增长（Edison et al.，2002[⑥]）。

---

① 王敏，柴青山，王勇等．"一带一路"战略实施与国际金融支持战略构想 [J]．国际贸易，2015（4）：35 - 44.

② 文淑惠，胡琼，程先楠．"一带一路"国家金融发展、制度环境与中国 OFDI [J]．华东经济管理，2019（5）：57 - 67.

③ 雷红．中国 OFDI 逆向技术溢出、金融发展与全要素生产率 [J]．现代经济探讨，2019（8）：75 - 84.

④ 方齐云，张思滢．"一带一路"国家的通信设施、金融发展与我国对外投资 [J]．武汉金融，2020（4）：37 - 45.

⑤ 左思明，朱明侠．"一带一路"国家投资便利化测评与中国对外直接投资 [J]．财经理论与实践，2019（2）：54 - 60.

⑥ Edison H. J.，Levine R.，Ricci L.，et al. International Financial Integration and Economic Growth [J]．Journal of International Money and Finance，2002（6）：749 - 776.

金融可以通过优化区域生态环境、完善融资体系、健全信贷管理机制等措施更好地支持产业转移，且在产业转移的过程中，金融借助于国家制定的产业政策和宏观政策来调节金融资源的产业流向，通过资金形成机制、信用催化机制等进行资金配置（张旭和伍海华，2002①）。一个发展良好的金融市场可通过降低交易成本来确保对市场中的金融资源进行合理配置，同时，一国非常良好和健全的金融体系更能吸引具有创新活力的跨国企业，使本国企业受益（张宁宁和张宏，2020②）。东道国金融发展是影响其有效承接产业转移的重要因素，对于在承接过程中所面临的金融约束需通过构建有效的金融体系和制定相应的金融政策来解决。母国和东道国的金融发展水平差异和产能合作方式均会对国际产能合作绩效产生不同影响（史恩义等，2020③）。

很显然，通过对国内外相关研究的梳理可以发现，现有文献中针对产业转移的研究已经比较成熟，针对金融发展的研究成果也较为丰富，为进一步研究提供了坚实的理论基础。然而，已有研究主要是针对金融发展影响经济增长和产

---

① 张旭，伍海华. 论产业结构调整中的金融因素——机制、模式与政策选择 [J]. 当代财经，2002（1）：52－56.

② 张宁宁，张宏. "一带一路"东道国制度环境与中国企业对外直接绩效研究 [J]. 商业经济与管理，2020（12）：73－87.

③ 史恩义，张瀚文，闫晓光. 金融发展差异与国际产能合作绩效：机制、效用与条件 [J]. 国际金融研究，2020（9）：56－66.

业结构而展开，关于金融发展影响产业转移的研究尚不丰富，尤其是对金融发展影响产业转移的机理阐述较为零散和简单，不够系统和深入，并且现有研究对象主要为中国金融发展情况及其对区际产业转移的影响，基于"一带一路"研究东道国金融发展影响中国与沿线国家间产业转移的文献相对较少。为此，本节将深入探讨金融发展规模、深度、效率影响产业转移的作用机理，并通过构建面板门槛模型实证检验东道国金融发展对中国与"一带一路"国家间产业转移的非线性影响，试图为推动共建"一带一路"高质量发展提供有参考性的政策建议[1]。

一、东道国金融发展影响产业转移的机理分析

（一）金融发展规模对产业转移的影响：资金形成机制和信息反映机制

金融发展规模主要通过资金形成机制和信息反映机制影响产业转移（见图 6.1）。其一，资金形成机制主要表现为随着金融发展规模的扩大，各种金融工具更为丰富，针对产业转移过程中面临的资金缺口问题，金融机构通过一级市场

---

① 刘莉君，刘雪婧，刘友金. 东道国金融发展对中国与"一带一路"国家间产业转移影响的实证检验［J］. 财经理论与实践，2021，42（6）：2–9.

和二级市场进行资金增量调节，提供资金支持。在产业转移过程中，通常需要建设厂房、购买设备和引进技术等，项目投资期限往往较长，而且原有技术与新引进技术的差异也使得承接国或承接地需进行研发投入，因此，从最初的资金投入到后续的收益获取过程中，产业转移的实际资金需求是比较大的，东道国金融市场发展规模的扩大可以为转移企业提供更多便利的融资渠道。其二，信息反映机制主要是针对产业转移过程中的信息不对称问题，通过银行体系的信息优势和证券体系的披露机制，为转移企业提供及时有效的信息服务，从而降低产业转移风险。尤其是，跨国投资企业对东道国产业发展前景、市场发展环境、各类政策法规等往往处于信息劣势地位，国际产业转移的境外安全风险不容忽视。金融市场的公开信息与及时披露可以向转移企业提供经营、财务、行业动态等全面的信息服务，从而减少信息不对称而带来的产业转移风险。

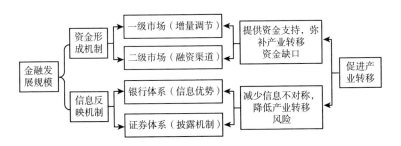

图6.1　金融发展规模影响产业转移的作用机理

（二）金融发展深度对产业转移的影响：资金导向机制和宏观调节机制

金融发展深度主要通过资金导向机制和宏观调节机制影响产业转移（见图6.2）。其一，资金导向机制主要是充分发挥金融市场的资金导向功能，引导金融资源合理配置，进而引导产业转移方向。理想的产业转移方向应当是有利于实现产业结构优化升级的，通过金融资源合理配置，引导资本从生产效率较低的产业流向生产效率较高的产业。而且，提高金融发展深度能够有效发挥金融市场的资源配置功能。金融资源配置实质上体现了金融资本在各转移产业之间进行流动、分配和重新组合。金融市场通过调节各产业发展的金融资源，着力保障转移企业落地并健康运行。其二，宏观调节机制主要是各国政府从政策层面对产业转移中的金融支持进行宏观调节，主要表现为银行信贷政策和金融扶持政策。在

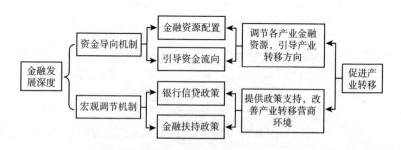

图 6.2　金融发展深度影响产业转移的作用机理

产业转移的过程中，政府可以通过制定合适的金融政策来支持产业发展，如通过政策倾斜、信贷配给等政策对银行信贷投向进行适当干预。

（三）金融发展效率对产业转移的影响：成本降低机制和效率促进机制

金融发展效率主要通过成本降低机制和效率促进机制影响产业转移（见图6.3）。其一，成本降低机制主要是充分发挥金融市场信用催化作用，通过形成金融机构间互相竞争、功能互补的格局，推动各类金融产品创新，从而在既定的风险水平下寻找到成本最低的融资方式。金融发展效率的提高加速金融体系发挥信用创造的功能，促进金融资源和信贷资金使用效率提高，加速产业资本的形成。其二，效率促进机制主要表现为，一方面，通过提高储蓄转化为投资的能力来加快资金的流转速度；另一方面，通过利用各类科技手

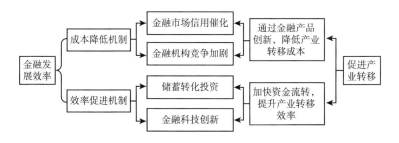

图6.3　金融发展效率影响产业转移的作用机理

段创新传统金融行业所提供的产品和服务，提升金融发展效率并有效降低运营成本。金融发展效率的提高能够带动转移企业的生产效率提高，从而获取更高的经营利润，进而提升产业转移的效率。

二、东道国金融发展影响中国与"一带一路"国家间产业转移的门槛效应检验

（一）模型构建

借鉴汉森（Hansen，1999）建立的非线性面板门槛模型进行实证分析，建立如下面板门槛回归模型：

$$y_{it} = \alpha_0 + \beta_1 b_{it} I(q_{it} \leqslant \gamma) + \beta_2 b_{it} I(q_{it} > \gamma) + \beta_3 x_{it} + \varepsilon_{it}$$

$$(6.26)$$

其中，i 为国家，t 为时间；y_{it} 为被解释变量，选取中国对"一带一路"国家的 OFDI 存量；b_{it} 为解释变量金融发展指数；q_{it} 为门槛变量金融发展指数；β_1、β_2 为估计系数；$I(\ )$ 为指示函数，当括号内的条件成立时，$I=1$，不成立则 $I=0$；γ 为门槛值，x_{it} 为控制变量，ε_{it} 为残差项。

（二）变量选择

（1）被解释变量：对外直接投资（OFDI）。国际产业转

移主要通过直接投资的方式进行，对外直接投资可以为承接国带来产业发展所需的技术、资本等要素。通过文献梳理发现，在研究中国向外产业转移时，多数学者选取对外直接投资（OFDI）数据来衡量。同时，为了避免流量数据受到国际形势、投资协议等变化而产生波动进而带来分析结果的不稳定，参考学者们的通常做法，选取中国向"一带一路"国家的 OFDI 存量来作为衡量产业转移的指标，即被解释变量。

（2）解释变量：金融发展指数（*fd*），为解释变量同时也为门槛变量，共由四个方面构成，除了反映金融发展规模、金融发展深度和金融发展效率，还将包含金融稳定性。其中，金融发展规模选取金融部门提供的信贷总额来衡量，金融发展深度选取国内私人信贷占 GDP 的比重来衡量，金融发展效率选取银行净息差来衡量，金融稳定性选取银行系统的 *z* 指数来衡量。

（3）控制变量：①经济发展水平（*g*），选取 GDP 增长率来衡量。一国经济发展具有较高水平表明其经济实力较强，市场规模较大，在承接产业转移过程中面临的风险较小。②制度质量（*ins*），选取世界银行 WGI 数据库中包含的六项指标的加权平均数来衡量，反映一国制度环境。③城镇化水平（*url*），选取城镇人口占总人口的比重来表示，较高的城镇化水平有助于产业和资源的集聚。④资源禀赋（*na*），选取矿石金属出口额占出口总额的比重来表示，丰富的自然资源有助于吸引产业转移。⑤吸引外资能力（*inv*），选取沿线各国的外国直接投资净流入额与各国 GDP 之比来衡量，一国吸引外资的能力越强，承接的转移产业越多。

（三）数据来源

被解释变量 OFDI 数据来源于《中国对外直接投资统计公报》；解释变量构成中的金融发展规模和金融发展深度数据来源于世界银行 WDI 数据库，金融发展效率和金融稳定性数据来源于世界银行 GFDD 数据库；控制变量中的制度质量数据来源于世界银行 WGI 数据库，其余控制变量数据均来源于世界银行 WDI 数据库；针对指标中个别年份数据的缺失，采用移动平均法进行补充。

（四）实证分析

（1）描述性统计。基于数据的可获得性，主要选取了沿线 47 个国家 2005 ~ 2018 年的统计数据，包括：东南亚区域的印度尼西亚、泰国、新加坡、越南、马来西亚等 10 个国家；南亚区域的孟加拉国、印度、巴基斯坦等 6 个国家；中亚区域的哈萨克斯坦、吉尔吉斯斯坦、塔吉克斯坦 3 个国家；西亚、北非区域的沙特阿拉伯、阿联酋、阿曼等 11 个国家；中东欧区域的波兰、罗马尼亚、捷克等 9 个国家；独联体的乌克兰、白俄罗斯等 7 个国家以及东亚的蒙古。

从表 6.8 变量描述性统计中可以看出，中国对沿线国家的 OFDI 最小值为 2.8332，最大值为 15.4268，说明中国向沿线国家产业转移的情况具有很大差异。"一带一路"国家的金融发展指数最小值为 -0.8210，最大值为 5.2648，也可以看出各东道国金融发展水平差距较大。

表 6.8   **变量描述性统计**

变量	均值	标准差	最小值	最大值	样本数
ln*ofdi*	9.3149	2.7521	2.8332	15.4268	658
ln*fd*	3.9208	0.8260	-0.8210	5.2648	658
ins	-0.2501	0.6520	-1.8200	1.5800	658
g	4.7223	4.3014	-14.7585	34.4662	658
url	58.4414	23.1172	15.1490	100.0000	658
na	7.5726	12.2442	0	76.9126	658
inv	4.7308	5.4264	-37.1500	43.9100	658

（2）相关性检验。为避免各指标之间存在多重共线性，在进行面板回归之前首先进行相关性检验，计算各变量之间的相关系数。由表 6.9 相关性检验的结果可知，制度质量（*ins*）与金融发展指数（ln*fd*）之间的相关性系数为 0.5845，与城镇化水平（*url*）之间的相关性系数为 0.5870，其余变量之间的相关性系数的绝对值均低于 0.5，且经过计算，各变量的方差膨胀因子（*VIF*）均在 10 以下，表明模型选取的变量几乎不存在共线性问题。

表6.9　　　　　　　　　　　变量的相关性检验

变量	lnofdi	lnfd	ins	g	url	na	inv
lnofdi	1						
lnfd	0.0669	1					
ins	− 0.0163	0.5845	1				
g	0.0269	− 0.2202	− 0.1932	1			
url	− 0.0995	0.3501	0.5870	− 0.1773	1		
na	− 0.0416	0.0497	− 0.0015	0.0560	0.0167	1	
inv	− 0.0313	0.1001	0.2069	0.2632	0.1327	0.2122	1

（3）门槛效应检验。由于各国金融发展水平存在较大差异，不同的金融发展程度对于产业转移可能具有不同的影响，可能呈现出不同程度的促进或抑制。因此，选择东道国金融发展指数作为解释变量，同时也作为门槛变量，先检验是否存在门槛，结果如表6.10所示。

表6.10　　　　　　　　　门槛效应检验结果

模型	F值	P值	BS次数	1%	5%	10%
单一门槛	39.73**	0.0433	300	49.4211	35.9094	30.5516
双重门槛	22.36	0.2000	300	42.3411	34.1969	27.7691
三重门槛	7.82	0.8867	300	59.1303	40.4688	30.7726

注：** 表示在5%的水平上显著。

单一门槛检验的F值为39.73，通过采用bootstrap法反复抽样300次模拟得到P值为0.0433，在5%的水平上显著，其余门槛值并不显著，因此存在一个门槛值，东道国金融发展对中国与"一带一路"国家间产业转移存在单一门槛效应。门槛估计值结果如表 6.11 所示。

表 **6.11** 门槛估计值

模型	门槛估计值		95% 置信区间
单一门槛	4.6281		[4.6208, 4.6388]
双重门槛	Ito1	4.6281	[4.6208, 4.6388]
	Ito2	3.9774	[3.9331, 3.9842]
三重门槛	4.2182		[4.1628, 4.2230]

门槛检验结果表明，东道国金融发展对中国与"一带一路"国家间产业转移存在门槛值为 4.6281 的门槛效应，说明两者之间存在非线性关系，接下来借助似然比 LR 图更加清晰地看出门槛值和置信区间的估计过程，如图 6.4 所示。

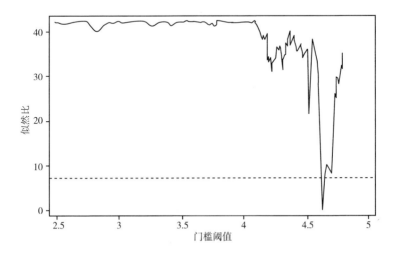

图 **6.4** 门槛估计值和置信区间

（4）回归结果分析。从面板门槛回归结果（见表 6.12）可知，东道国金融发展水平对中国与其之间的产业转移具有显著的非线性关系。东道国金融发展对产业转移表现为促进作用，但在不同水平下促进效果有所不同，当金融发展水平低于 4.6281 时，对产业转移的作用系数为 0.7359，在 1%的水平上显著，对产业转移的促进作用相对较小；当金融发展水平高于 4.6281 时，对产业转移的作用系数为 1.0380，在 1%的水平上显著，对产业转移的促进作用有所强化，即金融发展水平较高的国家对产业转移具有更大的促进作用。究其原因，随着金融发展水平的提高与金融发展规模的扩大，会带来市场的可用资金增加，进而可以填补产业转移中面临的资金缺口；金融发展深度的提高能够推动金融市场更好地发挥其资源配置功能，转移企业可以获得更多的资金支持；金融发展效率的提高降低了转移企业的融资成本；金融稳定性的增加为产业转移营造良好的外部环境。

表 6.12　　　　　　　　　　面板门槛回归结果

模型	（1）	（2）	（3）	（4）	（5）
β_1	1.0374 *** (7.75)	0.8769 *** (6.41)	0.8082 *** (5.85)	0.7416 *** (5.25)	0.7359 *** (5.21)
β_2	1.3289 *** (9.81)	1.1957 *** (8.73)	1.1102 *** (7.97)	1.0419 *** (7.30)	1.0380 *** (7.28)
url	0.3933 *** (14.01)	0.3664 *** (12.93)	0.3605 *** (12.76)	0.3761 *** (12.90)	0.3722 *** (12.74)

续表

模型	(1)	(2)	(3)	(4)	(5)
ins		1.7162 *** (4.36)	1.6525 *** (4.22)	1.6515 *** (4.23)	1.6820 *** (4.31)
g			−0.0351 *** (−2.89)	−0.0351 *** (−2.90)	−0.0284 ** (−2.23)
na				0.0216 ** (2.09)	0.0210 ** (2.03)
inv					−0.0191 (−1.63)
_cons	−17.9580 *** (−11.66)	−15.34296 *** (−9.40)	−14.5659 *** (−8.86)	−15.3847 *** (−9.13)	−15.0636 *** (−8.89)
R^2	0.4315	0.4488	0.4563	0.4602	0.4626
N	658	658	658	658	658

注：*、**、*** 分别代表在10%、5%、1%的水平上显著。

从控制变量的回归结果来看，列（1）城镇化水平指标系数显著为正，城镇化水平的提高表明东道国具有较为完善的配套设施，能够形成承接产业转移的产业发展基础和产业升级空间；同时，在城镇化发展过程中，城镇居民的生产生活需求会有不同程度的提高，从而满足居民更高需求的产业在国民经济中占据更高的比重，能够推动相关产业的转移与承接，形成产业集聚效应。列（2）东道国制度质量指标系数显著为正，表明中国企业在进行产业转移时更加偏好制度质量高的国家或地区。制度质量高代表着政府效率高、治理能力强、政治经济稳定、法治程度完善、贪污腐败较少，有利于减少跨国产业转移中所面临的不确定性风险，为企业的承接和运营提供稳定的外部条件。列（3）GDP 增长率指标系数显著为负，说明中国向沿线国家的产业转移以发展中国家为主。虽然存在向发展程度比中国低的国家和发展程度较高的国家转移两个转移方向，但主要还是以第一个方向为主，即倾向于向经济发展水平较低的国家转移部分产业，主要原因为这些国家的基础设施和产业发展还不完善，有利于中国与其产业合作。以中亚地区为例，中亚五国的轻工业、制造业较为落后，中国可将金属制成品产业、材料加工业、棉纺织业等产业向中亚五国进行转移，同时提供技术帮助，推动产业合作，优化产业结构。列（4）资源禀赋指标系数显著为正，表明东道国丰富的自然资源成为吸引中国企业向外产业转移的动力之一。例如石油、天然气储量方面，"一带一路"沿线的沙特阿拉伯、伊朗、伊拉克等中东国家石油储备资源丰富，且全球近 70% 的天然气资源分布在沿线区域，这样丰富的自然资源有利于吸引中国向沿线区域产业转移。

（5）稳健性检验。为确保回归结果的可靠性，接下来通过建立包含虚拟变量的面板模型进行稳健性检验，模型形式为：

$$
\ln ofdi_{it} = \alpha_0 + \beta_1 \ln fd_{it} + \beta_2 \ln fd_{it} \times dum + \beta_3 url_{it} + \beta_4\, ins_{it}
$$
$$
+ \beta_5 ggdp_{it} + \beta_6 na_{it} + \beta_7 inv_{it} + \varepsilon_{it} \tag{6.27}
$$

其中,*dum* 为虚拟变量,取值为 0 或 1,当一国的金融发展指数大于门槛值 4.6281 时,*dum* 取 1;小于门槛值 4.6281 时,*dum* 取 0。交互项 ln*fd* × *dum* 的系数符号可以反映门槛效应的方向,根据上述回归结果,若交互项 ln*fd* × *dum* 的系数显著为正,则上述面板门槛模型的结论成立,即当金融发展指数大于门槛值 4.6281 时,能够促进产业转移的进行;若交互项 ln*fd* × *dum* 的系数不显著或显著为负,则上述结论不成立。通过 hausman 检验,选择固定效应模型进行分析,具体结果如表 6.13 所示。

表 6.13　　　　　　　稳健性检验结果

模型	(1)	(2)	(3)	(4)	(5)
ln*fd*	1.0565 ** (7.82)	0.9030 *** (6.53)	0.8416 *** (6.04)	0.7728 *** (5.41)	0.7655 *** (5.37)
ln*fd* × *dum*	0.2271 *** (4.19)	0.2500 *** (4.65)	0.2259 *** (4.17)	0.2252 *** (4.16)	0.2298 *** (4.25)
url	0.3980 *** (14.09)	0.3725 *** (13.04)	0.3669 *** (12.89)	0.3830 *** (13.03)	0.3788 *** (12.87)
ins		1.6464 *** (4.15)	1.5800 *** (4.00)	1.5799 *** (4.01)	1.6143 *** (4.10)
g			− 0.0337 *** (− 2.73)	− 0.0337 *** (− 2.74)	− 0.0265 ** (− 2.05)
na				0.0222 ** (2.12)	0.0215 ** (2.06)
inv					− 0.0203 * (− 1.71)

模型	(1)	(2)	(3)	(4)	(5)
_cons	−18.2640 *** (−11.79)	−15.7758 *** (−9.61)	−15.0509 *** (−9.10)	−15.8870 *** (−9.37)	−15.5399 *** (−9.11)
R^2	0.4224	0.4383	0.4452	0.4493	0.4519
N	658	658	658	658	658

注：*、**、*** 分别代表在 10%、5%、1% 的水平上显著。

由表 6.11 回归结果可知，交互项 $lnfd \times dum$ 系数为正且在 1% 的水平上显著，表明东道国金融发展对中国与沿线国家间产业转移具有显著的非线性影响，金融发展水平高的国家或地区对产业转移的促进作用更大。而且，逐步加入控制变量时，交互项的系数始终显著为正，表明金融发展对产业转移的非线性效应比较稳定，所构建的面板门槛模型具有稳健性。

三、小结

（1）东道国金融发展水平对中国与"一带一路"国家间产业转移具有显著的促进作用，但在不同水平下促进效果不同，具有非线性特征；中国向"一带一路"沿线国家的产业转移主要以发展中国家为主；东道国较好的城镇化水平、完善的制度环境、丰富的自然资源均对中国向"一带一路"国家产业转移具有吸引和促进作用。

（2）为有效推动中国与"一带一路"国家间产业转移

与共生发展，建议拓宽与各国金融合作途径，加大与各个国家及世界银行、世贸组织等国际性机构之间的合作力度，以人民币国际化为契机，推动金融资源在沿线国家间形成闭合回路，助力沿线国家合理配置金融资源与完善金融市场体系；推动金融基础设施相对完善的国家或地区有效发挥其辐射范围和影响力，加快与沿线国家间交易平台、支付体系、结算系统等金融硬件基础设施互联互通，积极推动中国自身以及东道国完善金融法律法规、社会信用环境、会计制度、信息披露原则等制度安排；持续深化政策沟通，加强与沿线国家在金融投资、产能合作和人文交流等领域的政策沟通与协调，充分发挥"一带一路"国际商事调解中心的作用和影响，形成覆盖面更广的商事调节服务，防范与化解中国企业参与"一带一路"建设的境外投融资风险。

第三节　境外安全风险对中国企业参与 "一带一路"建设的影响

共建"一带一路"倡议提出以来，在沿线各国共同努力下，取得了令人瞩目的建设成果。然而，机遇与挑战并存。"一带一路"沿线多为发展中国家，各国经济发展水平、社会稳定基础、地缘政治、资源禀赋、制度与文化等差异明显（陈继勇和李知睿，2018①；王开科和李采霞，2021②），中国企业在参与"一带一路"建设过程中面临着诸如东道国社会反对、劳工抗议、国家安全等外部风险因素（周伟等，2017③；谢朝武等，2018④），以及企业自身海外投资经营与管理不善、企业间恶意竞争而形成的内部风险因素（赵赟，2018⑤；张栋等，2019⑥），这些不安全因素直接导致中国企业参与"一带一路"建设时面临着不同程度的境外安全风险。准确识别与科学评估中国企业参与"一带一路"建设的境外安全风险对于帮助中国企业"走出去"能够"走得好""走得稳"具有重要意义。

近年来，在国内经济增速放缓、要素成本上升、资源环境约束等多重压力下，中国企业"走出去"的内在动力不断增强，尤其是随着"一带一路"建设的深入推进，中国企业参与"一带一路"建设的广度与深度不断扩大。然而

① 陈继勇，李知睿. 中国对"一带一路"国家直接投资的风险及其防范 [J]. 经济地理，2018（12）：10－15，24.

② 王开科，李采霞. "一带一路"沿线经济体承接中国产业转移能力评价 [J]. 经济地理，2021，41（3）：28－38.

③ 周伟，陈昭，吴先明. 中国在"一带一路"OFDI 的国家风险研究：基于39 个沿线东道国的量化评价 [J]. 世界经济研究，2017（8）：15－25，135.

④ 谢朝武，张俊，陈岩英. 中国出境旅游安全风险的区域分布研究 [J]. 中国安全科学学报，2018，28（1）：155－160.

⑤ 赵赟. 国际法视域下"一带一路"建设中的法律风险及防范 [J]. 理论学刊，2018（4）：101－107.

⑥ 张栋，许燕，张舒媛. "一带一路"沿线主要国家投资风险识别与对策研究 [J]. 东北亚论坛，2019（3）：68－89.

这一过程客观存在着各类境外安全风险，学者们也越来越关注"一带一路"建设背景下中国企业境外投资及其在政治、社会、经济、环境、法律等方面的风险。具体地，从政治风险来看，一国境外投资区位选择和流向主要取决于政治稳定性、双边政治关系和东道国制度质量等因素（张雨和戴翔，2013[①]；王金波，2019[②]）；从社会风险来看，东道国内部文化冲突、民族矛盾、战争暴乱、社会安全等社会问题往往会影响到包括外来投资的东道国境内所有企业（Jensen，2003[③]），而且，与华双边关系会影响中国企业对社会与政治风险的关注程度（孟醒和董有德，2015[④]）；从经济风险来看，部分"一带一路"国家经济金融风险较高，中国企业由于缺乏防范风险和审慎评估风险的意识而频遭损失，但是也有研究发现，中国企业境外投资总体上偏好政治、经济和金融风险较高的国家（王永中和赵奇锋，2016[⑤]；杨玲

① 张雨，戴翔.政治风险影响了我国企业"走出去"吗［J］.国际经贸探索，2013，29（5）：84 – 93.

② 王金波.双边政治关系、东道国制度质量与中国对外直接投资的区位选择：基于2005～2017年中国企业对外直接投资的定量研究［J］.当代亚太，2019（3）：4 – 28.

③ Nathan M. Jensen. Democratic Governance and Multinational Corporations：Political Regimes and Inflows of Foreign Direct Investment［J］. International Organization，2003，57（3）：587 – 616.

④ 孟醒，董有德.社会政治风险与我国企业对外直接投资的区位选择［J］.国际贸易问题，2015（4）：106 – 115.

⑤ 王永中，赵奇锋.风险偏好、投资动机与中国对外直接投资：基于面板数据的分析［J］.金融评论，2016（4）：1 – 17，124.

丽，2021①）；从环境风险来看，中国在"一带一路"的境外投资无论是区位分布还是产业选择上都表现出环境敏感特征，折射出中国企业对东道国环境责任的关注不够（杨丽华等，2019②）；从法律风险来看，直接投资、市场准入、知识产权保护、国际金融交易、劳工问题、环境保护等均可能引发一系列法律风险，进而影响到中国企业参与共建"一带一路"的进程（李玉璧和王兰，2017③；罗强强，2021④）。总体上讲，学者们基于不同角度分析了中国企业参与"一带一路"建设遭遇的风险情况，只不过是，更多的研究成果或是关注风险某一方面，或是仅仅进行定性分析。而实际上，中国企业参与"一带一路"建设过程中面临的境外安全风险是多方面的，那么，在进行风险识别与评价时，也应该多维度地全面综合分析，这样才能更好地提升中国企业"走出去"的质量。

鉴于此，本节拟从政治、经济、社会三个维度构建中国企业参与"一带一路"建设的境外安全风险评价指标体系，

---

① 杨玲丽．社会嵌入、企业声誉与海外投资经济风险治理——基于中国企业对"一带一路"国家投资的研究［J］．重庆大学学报（社会科学版），2021，27（2）：8－22.

② 杨丽华，薛莹，董晨晨．"一带一路"背景下中国ODI的行为特征及环境风险表征［J］．长沙理工大学学报（社会科学版），2019，34（4）：52－62.

③ 李玉璧，王兰．"一带一路"建设中的法律风险识别及应对策略［J］．国家行政学院学报，2017（2）：77－81，127.

④ 罗强强．"一带一路"实践与国际政治格局——基于风险社会视角的战略分析［J］．社会科学辑刊，2021（3）：105－112.

运用主成分降维和客观赋权的方法，对中国企业参与"一带一路"建设的境外安全风险进行因素识别与综合评价，以期为中国企业有效防范"一带一路"国家境外安全风险提供有针对性、可操作性的决策参考。

一、境外安全风险评价指标体系构建

通过借鉴《中国海外投资国家风险评级（2018）》和《对外投资合作国别（地区）指南（2018）》，并本着指标选择的相关性、代表性、全面性、可得性、可比性等原则，从政治、经济和社会 3 个维度来构建中国企业参与"一带一路"建设的境外安全风险评价指标体系，共包含政治风险、经济风险、社会风险 3 个一级指标以及政府稳定性、经济发展水平、社会安全等 20 个二级指标。

（一）政治风险

政治风险主要指"一带一路"国家政局、政权或其与华关系发生变化的可能性，会使得中国企业在参与"一带一路"建设过程中遭遇运营受阻而导致投资收益下降甚至失败，最后不得不退出东道国。如表 6.14 所示，基于政治风险所体现的各方面构建评价指标：（1）政府稳定性主要是政府执行所宣布政策以及保持政权的能力，东道国政治制度不稳定和政策不连续给企业境外投资带来损失的风险。(2)政府有效性主要包含政府公共服务质量、行政部门质量、政策执行质量等,政府有效程度越高,中国企业在东道国的境外安全风险越低。(3)政府腐败程度是东道国政府政治体系风险的外在表现,一国政府的腐败将导致社会资源分配不均,甚至市场秩序混乱,这会直接导致中国企业在东道国公平竞争的权利难以充分行使。(4)民主问责反映了一国政府回应社会公众合理诉求的程度与速度。(5)法制程度主要是东道国法律体系是否完善和有效,东道国的法律体系越健全,中国企业在东道国的合法权益越能得到有效保护。(6)外部冲突主要是东道国与其他国家,尤其邻国发生的诸如暴乱、战争等暴力冲突与诸如贸易摩擦和经济战等非暴力冲突。(7)投资受阻程度和双边政治关系是影响中国企业参与"一带一路"建设投资风险的重要因素,很显然,较低的投资受阻程度和较好的双边政治关系能在较大程度上降低中国企业参与"一带一路"建设的境外安全风险。

表 6.14 政治风险评价指标

一级指标	二级指标	指标说明	指标属性
政治风险 X_1	政府稳定性 X_{11}	政府的执政能力,范围为 0 ~ 12 分,分值越高,政府越稳定,风险越小	正向指标
	政府有效性 X_{12}	公共服务质量、行政部门质量、政策执行质量等,范围为 −2.5 ~ 2.5 分,分值越高,政府有效性越强,风险越小	正向指标

续表

一级指标	二级指标	指标说明	指标属性
政治风险 X_1	政府腐败 X_{13}	政府的腐败程度，范围为 0 ~ 6 分，分值越高，政府内部越腐败，风险越大	逆向指标
	民主问责 X_{14}	政府对民众诉求的回应，范围为 0 ~ 6 分，分值越高，民主问责越弱，风险越大	逆向指标
	法制程度 X_{15}	履约质量、产权保护等，范围为 -2.5 ~ 2.5 分，分值越高，法制程度越强，风险越低	正向指标
	所受外部冲突 X_{16}	国家所受外部冲突，包括暴力和非暴力的，范围为 0 ~ 12 分，分值越高，受外部冲突越严重，风险越大	逆向指标
	投资受阻程度 X_{17}	分数越高，中国企业在"一带一路"国家投资受阻越小，风险越小	正向指标
	双边政治关系 X_{18}	分数越高，"一带一路"国家与华的双边政治关系越好，风险越小	正向指标

（二）经济风险

经济风险主要是"一带一路"国家经济基础条件、经济发展水平、债务水平等因素所可能导致的中国企业投资风险。经济风险评价指标（见表6.15）主要有：（1）人均 GDP、通货膨胀率、失业率等宏观经济指标可以反映东道国整体经济运行的基础状况。（2）财政余额占 GDP 的比重主要是衡量一国财政实力，同时可反映一国的财政收支状态。（3）公共债务占 GDP 的比重和银行不良贷款率分别衡量一国国内公共部门和私人部门的债务水平。（4）投资开放度主要用于刻画一国开放程度。一般来说,东道国的经济发展水平越高、金融体系越稳定,中国企业在参与"一带一路"建设时面临的经济风险越低。反之,东道国的经济基础越差、金融体系越混乱,中国企业在参与"一带一路"建设时面临的经济风险就会越高。

表 6.15 经济风险评价指标

一级指标	二级指标	指标说明	指标属性
经济风险 X_2	经济发展水平 X_{21}	人均 GDP,数值越大,风险越小	正向指标
	通货膨胀率 X_{22}	居民消费价格指数,数值越大,风险越大	逆向指标
	失业率 X_{23}	失业人口占劳动力人口的比率,数值越大,风险越大	逆向指标
	财政余额/GDP X_{24}	反映一国财政实力,数值越大,风险越小	正向指标
	公共债务/GDP X_{25}	衡量一国国内公共部门的债务水平,数值越大,风险越大	逆向指标
	银行不良贷款率 X_{26}	衡量一国国内私人部门的债务水平,数值越大,风险越大	逆向指标
	投资开放度 X_{27}	(外商直接投资 + 对外直接投资)/GDP,数值越大,风险越小	正向指标

(三)社会风险

社会风险主要是"一带一路"国家内部或者国家之间存在的不同文化背景以及各种不安全因素而破坏社会稳定的

可能性,评价指标如表 6.16 所示。(1)内部冲突主要包含语言文化冲突、宗教信仰冲突等。"一带一路"国家使用的语言有 1000 余种,其中官方语言约 60 余种,语言繁多且复杂,存在语言分化。中国企业参与"一带一路"建设的过程中,文化冲突、信息沟通和传递不畅往往会影响投资项目的推进效率。另外,许多"一带一路"国家多种宗教信仰并存,不同教派的教徒们有时为争夺宗教活动场所产生纷争,甚至教派内部有时也会存在纷争,这些纷争对东道国的社会稳定带来威胁。(2)劳动力市场管制和商业管制可以反映东道国的营商环境,显然,营商环境越好,中国企业参与"一带一路"建设的境外安全风险越小。(3)教育水平是反映东道国社会素质的重要指标,东道国的平均受教育年限越长,社会素质相对越高,中国企业在东道国的投资建设项目进展会越顺利。(4)社会安全程度是反映东道国社会治安水平的重要指标,选择每年每 10 万人中因谋杀死亡的人数进行衡量。

表 6.16 社会风险评价指标

一级指标	二级指标	指标说明	指标属性
社会风险 X_3	内部冲突 X_{31}	社会内部文化、种族歧视、宗教冲突等的严重程度,范围为 1~10 分,分值越高,内部冲突越严重,风险越高	逆向指标

续表

一级指标	二级指标	指标说明	指标属性
社会风险 X_3	劳动力市场管制 X_{32}	劳动力雇用、解雇、最低工资、工作时间等规定，范围为 0 ~ 10 分，分值越高，劳动力市场管制越低，风险越小	正向指标
	商业管制 X_{33}	行政与官僚成本、市场准入成本、营业执照限制等，范围为 0 ~ 10 分，分值越高，商业管制越低，风险越小	正向指标
	教育水平 X_{34}	平均受教育年限越长，风险越小	正向指标
	社会安全 X_{35}	每年每 10 万人中因谋杀死亡的人数越多，风险越高	逆向指标

二、境外安全风险识别

(一) 识别方法与数据处理

为了深入分析和识别中国企业参与"一带一路"建设过程中境外安全风险的影响因素，首先利用主成分分析的降维思想，在损失较少信息的前提下把多个指标转换为几个综合指标，即主成分来具体识别政治风险、经济风险和社会风险的影响因素；其次在此基础上进行赋权并全面评估中国企业参与"一带一路"建设的综合风险。

考虑到数据的可得性，选取 30 个沿线国家为样本国，分区域来看，样本国涵盖了蒙俄地区、中东欧地区、中东地区、中亚五国、东南亚地区和南亚地区；按经济发展水平来讲，样本国涵盖了发达经济体、发展中经济体和转型经济体。因此，数据样本国还是很具代表性的。另外，指标数据基本上是 2017 年的数据，主要来自国际货币基金组织、世界银行等相关数据库以及中国社会科学院世界经济与政治研究所的研究成果《中国海外投资国家风险评级（2018）》。同时，为了消除量纲的影响，所有原始数据均根据指标属性进行归一化处理，而且在进行主成分分析之前，全部通过 KMO 和 Bartlett 球形检验。

（二）政治风险识别

结合主成分的特征值和累计方差贡献率，提取前 3 个主成分（累计方差贡献率为 80.27%），其中，政府有效性、政府腐败、民主问责和法制程度在第 1 个主成分上有较高的载荷，集中体现了"一带一路"国家的政府执政效率，记作 F_{11}；政府稳定性和所受外部冲突在第 2 个主成分上有较高的载荷，集中体现了"一带一路"国家的政府执政能力，记作 F_{12}；投资受阻程度和双边政治关系在第 3 个主成分上有较高的载荷，这两个指标都是反映"一带一路"国家与中国的双边关系状况，因此，将第 3 个主成分命名为与华关系，记作 F_{13}。

进一步，根据成分得分系数矩阵，依据下式可计算得到

"一带一路"国家政治风险各主成分的排名（见表6.17）。

$$F_{11} = 0.078 \times X_{11} + 0.296 \times X_{12} - 0.279 \times X_{13}$$
$$- 0.109 \times X_{14} + 0.298 \times X_{15} - 0.041 \times X_{16}$$
$$+ 0.179 \times X_{17} - 0.055 \times X_{18} \qquad (6.28)$$

$$F_{12} = 0.613 \times X_{11} + 0.065 \times X_{12} - 0.047 \times X_{13}$$
$$+ 0.380 \times X_{14} + 0.063 \times X_{15} - 0.337 \times X_{16}$$
$$- 0.006 \times X_{17} + 0.171 \times X_{18} \qquad (6.29)$$

$$F_{13} = 0.099 \times X_{11} + 0.028 \times X_{12} - 0.014 \times X_{13}$$
$$+ 0.260 \times X_{14} - 0.009 \times X_{15} + 0.312 \times X_{16}$$
$$+ 0.512 \times X_{17} + 0.492 \times X_{18} \qquad (6.30)$$

表 6.17　　"一带一路"国家政治风险主成分排名情况

排名	政府执政效率（F_{11}）	政府执政能力（F_{12}）	与华关系（F_{13}）
1	新加坡	新加坡	巴基斯坦
2	以色列	哈萨克斯坦	俄罗斯
3	捷克	缅甸	哈萨克斯坦
4	波兰	乌兹别克斯坦	伊朗
5	匈牙利	老挝	白俄罗斯
6	马来西亚	柬埔寨	孟加拉国
7	土耳其	塔吉克斯坦	以色列
8	罗马尼亚	吉尔吉斯斯坦	老挝
9	印度尼西亚	土库曼斯坦	土耳其
10	沙特阿拉伯	越南	沙特阿拉伯
11	泰国	沙特阿拉伯	泰国
12	菲律宾	俄罗斯	新加坡

续表

排名	政府执政效率（F_{11}）	政府执政能力（F_{12}）	与华关系（F_{13}）
13	斯里兰卡	斯里兰卡	柬埔寨
14	孟加拉国	蒙古	乌兹别克斯坦
15	越南	菲律宾	塔吉克斯坦
16	哈萨克斯坦	白俄罗斯	吉尔吉斯斯坦
17	老挝	马来西亚	缅甸
18	俄罗斯	巴基斯坦	土库曼斯坦
19	巴基斯坦	匈牙利	马来西亚
20	乌克兰	捷克	捷克
21	蒙古	泰国	斯里兰卡
22	柬埔寨	罗马尼亚	匈牙利
23	伊朗	孟加拉国	印度尼西亚
24	白俄罗斯	以色列	波兰
25	缅甸	乌克兰	伊拉克
26	吉尔吉斯斯坦	波兰	越南
27	乌兹别克斯坦	印度尼西亚	罗马尼亚
28	塔吉克斯坦	土耳其	乌克兰
29	伊拉克	伊拉克	菲律宾
30	土库曼斯坦	伊朗	蒙古

从政治风险识别结果来看，其一，政府执政效率方面，新加坡、以色列、捷克、波兰、土耳其五国的政府执政效率排名前五，其中，新加坡的政府有效性（2.2）、法制程度（1.8）均是"一带一路"沿线30国的最高值，新加坡非常重视强化政府公共服务职能的作用，一直致力于建设政府效率世界一流的服务型政府。其二，政府执政能力方面，新加坡、哈萨克斯坦、缅甸、乌兹别克斯坦、老挝五国的政府执

政能力排名前五。其三，与华关系方面，巴基斯坦、俄罗斯、哈萨克斯坦、伊朗、白俄罗斯五国与华关系较好，排名前五。中国与这些国家一直保持着良好的政治、文化与经贸合作。其中，巴基斯坦是中国的坚定盟友；中俄两国是战略性合作伙伴，友谊历久弥坚；哈萨克斯坦是中国的第二大邻国，中哈之间有着长达 1533 千米的共同边界，而且，哈萨克斯坦是中国与中亚五国中最大的贸易伙伴。

（三）经济风险识别

同样地，结合主成分的特征值和累计方差贡献率，提取前 3 个主成分（累计方差贡献率为 72.67%），其中，经济发展水平、通货膨胀率、失业率和投资开放度在第 1 个主成分上有较高的载荷，集中体现了"一带一路"国家的经济基础条件，记作 F_{21}；财政余额/GDP 在第 2 个主成分上有较高的载荷，则第 2 个主成分就以财政实力命名，记作 F_{22}。公共债务/GDP 和银行不良贷款率在第 3 个主成分上有较高的载荷，集中体现了"一带一路"国家的债务水平，记作 F_{23}。

进一步，根据成分得分系数矩阵，依据下式可计算得到"一带一路"国家经济风险各主成分的排名（见表 6.18）。

$$F_{21} = 0.185 \times X_{21} + 0.391 \times X_{22} + 0.388 \times X_{23}$$
$$- 0.176 \times X_{24} - 0.027 \times X_{25} + 0.393$$
$$\times X_{26} - 0.009 \times X_{27} \tag{6.31}$$

$$F_{22} = 0.241 \times X_{21} - 0.054 \times X_{22} - 0.112 \times X_{23}$$
$$+ 0.542 \times X_{24} + 0.030 \times X_{25} + 0.005$$
$$\times X_{26} + 0.478 \times X_{27} \qquad (6.32)$$

$$F_{23} = -0.224 \times X_{21} - 0.104 \times X_{22} - 0.022 \times X_{23}$$
$$+ 0.094 \times X_{24} + 0.710 \times X_{25} + 0.442$$
$$\times X_{26} - 0.007 \times X_{27} \qquad (6.33)$$

表 6.18　　"一带一路"国家经济风险主成分排名情况

排名	经济条件（F_{21}）	财政实力（F_{22}）	债务水平（F_{23}）
1	新加坡	新加坡	乌兹别克斯坦
2	以色列	伊朗	土库曼斯坦
3	泰国	土库曼斯坦	土耳其
4	老挝	捷克	印度尼西亚
5	沙特阿拉伯	以色列	菲律宾
6	柬埔寨	乌兹别克斯坦	伊朗
7	马来西亚	土耳其	哈萨克斯坦
8	捷克	菲律宾	沙特阿拉伯
9	越南	俄罗斯	柬埔寨
10	波兰	塔吉克斯坦	缅甸
11	匈牙利	乌克兰	俄罗斯
12	罗马尼亚	波兰	孟加拉国
13	斯里兰卡	泰国	泰国
14	蒙古	吉尔吉斯斯坦	捷克
15	菲律宾	马来西亚	马来西亚
16	印度尼西亚	印度尼西亚	罗马尼亚
17	缅甸	柬埔寨	越南
18	俄罗斯	罗马尼亚	波兰

续表

排名	经济条件（F_{21}）	财政实力（F_{22}）	债务水平（F_{23}）
19	巴基斯坦	伊拉克	吉尔吉斯斯坦
20	吉尔吉斯斯坦	匈牙利	塔吉克斯坦
21	孟加拉国	缅甸	老挝
22	白俄罗斯	巴基斯坦	伊拉克
23	哈萨克斯坦	孟加拉国	白俄罗斯
24	土库曼斯坦	哈萨克斯坦	巴基斯坦
25	伊拉克	越南	斯里兰卡
26	乌兹别克斯坦	斯里兰卡	以色列
27	土耳其	老挝	蒙古
28	塔吉克斯坦	沙特阿拉伯	匈牙利
29	伊朗	白俄罗斯	乌克兰
30	乌克兰	蒙古	新加坡

从经济风险识别结果来看，其一，经济条件。新加坡、以色列、泰国、老挝、沙特阿拉伯五国的经济条件排名前五，其中，新加坡、以色列、沙特阿拉伯的人均 GDP 都比较高，均超过 2 万美元；新加坡的投资开放度最高；泰国和老挝的通货膨胀率和失业率较低。其二，财政实力。新加坡、伊朗、土库曼斯坦、捷克、以色列的财政实力排名前五，其中，新加坡的财政余额占 GDP 的比重为 1.7%，伊朗为 0.66%，而且新加坡和伊朗是 30 个样本国中财政盈余仅有的两个国家。反之，蒙古的财政余额占 GDP 的比重为 -10.53%，说明蒙古的财政赤字相对较为严重。其三，债务水平。乌兹别克斯坦、土库曼斯坦、土耳其、印度尼西亚、

菲律宾的债务水平相对较低,其中,乌兹别克斯坦的公共债务占 GDP 的比重(13.21%)是 30 个样本国中最低的,土库曼斯坦的银行不良贷款率(0.01%)是 30 个样本国中最低的。反之,乌克兰和新加坡的债务水平相对严重,乌克兰的银行不良贷款率(30.47%)是 30 个样本国中最高的,新加坡的公共债务占 GDP 的比重(111.96%)是 30 个样本国中最高的。

(四)社会风险识别

同样地,结合主成分的特征值和累计方差贡献率,提取前 2 个主成分(累计方差贡献率为 69.85%),其中,内部冲突、劳动力市场管制、商业管制和教育水平在第 1 个主成分上有较高的载荷,集中体现了"一带一路"国家的社会环境,记作 F_{31};社会安全在第 2 个主成分上有较高的载荷,则第 2 个主成分以社会安全命名,记作 F_{32}。

进一步,根据成分得分系数矩阵,依据下式可计算得到"一带一路"国家社会风险各主成分的排名(见表 6.19)。

$$F_{31} = 0.272 \times X_{31} + 0.156 \times X_{32} + 0.467 \times X_{33}$$
$$+ 0.417 \times X_{34} - 0.256 \times X_{35} \quad (6.34)$$

$$F_{32} = 0.211 \times X_{31} + 0.281 \times X_{32} - 0.251 \times X_{33}$$
$$- 0.135 \times X_{34} + 0.829 \times X_{35} \quad (6.35)$$

表 6.19   "一带一路"国家社会风险主成分排名情况

排名	社会环境 (F_{31})	社会安全 (F_{32})	排名	社会环境 (F_{31})	社会安全 (F_{32})
1	哈萨克斯坦	捷克	16	乌兹别克斯坦	乌兹别克斯坦
2	沙特阿拉伯	波兰	17	泰国	土库曼斯坦
3	新加坡	新加坡	18	乌克兰	吉尔吉斯斯坦
4	捷克	匈牙利	19	菲律宾	伊朗
5	匈牙利	柬埔寨	20	吉尔吉斯斯坦	泰国
6	马来西亚	孟加拉国	21	伊朗	沙特阿拉伯
7	俄罗斯	越南	22	塔吉克斯坦	乌克兰
8	斯里兰卡	罗马尼亚	23	老挝	土耳其
9	土库曼斯坦	马来西亚	24	印度尼西亚	老挝
10	罗马尼亚	印度尼西亚	25	巴基斯坦	蒙古
11	土耳其	缅甸	26	越南	哈萨克斯坦
12	以色列	塔吉克斯坦	27	伊拉克	巴基斯坦
13	蒙古	以色列	28	孟加拉国	菲律宾
14	波兰	白俄罗斯	29	缅甸	伊拉克
15	白俄罗斯	斯里兰卡	30	柬埔寨	俄罗斯

从社会风险识别结果来看，其一，社会环境。哈萨克斯坦、沙特阿拉伯、新加坡、捷克、匈牙利五国的社会环境排名前五，其中，新加坡、捷克、匈牙利三国的社会内部冲突较少、营商环境较好、受教育水平较高；哈萨克斯坦的营商环境和教育水平都比较高，但是内部冲突相对较严重，而且社会安全程度也不高。其二，捷克、波兰、新加坡、匈牙利、柬埔寨五国的社会安全程度排名前五，但是菲律宾、伊拉克和俄罗斯的社会安全问题较为突出。

三、境外安全风险综合评估

（一）综合风险等级的划分

基于以上分析，进一步对各主成分进行赋权，从而全面评估中国企业参与"一带一路"建设的综合风险。当然，确定指标权重的方法有很多，常用的有主观赋权法，如德尔菲法、网络层次分析法等，和客观赋权法，如熵权法、变异系数法等。由于主观赋权法过于依赖专家的意见，选用变异系数法，它能直接利用各指标所包含的信息对指标进行客观赋权。计算步骤是：首先，分别计算每个指标的平均数和标准差；其次，计算各指标的变异系数，$V_i = \dfrac{\sigma_i}{\bar{x}_i}$，其中 V_i 是第 i 项指标的变异系数，σ_i 是第 i 项指标的标准差，$\bar{x}_i$ 是第 i 项指标的平均数；最后，计算各指标的权重为 $W_i = \dfrac{V_i}{\sum\limits_{i=1}^{n} V_i}$。

依据变异系数法，分别得到各二级综合指标（主成分）的权重为：

$$Wx_1 = (0.5001, 0.3404, 0.1595)$$

$$Wx_2 = (0.2251, 0.1376, 0.6374)$$

$$Wx_3 = (0.3861, 0.6139)$$

然后，参照国际评级机构的通行做法，假定政治风险、经济风险、社会风险每个一级指标都同等重要，便可计算得到综合风险值。同时，按照五级等分来划分中国企业参与"一带一路"建设的综合风险等级（见表6.20）。

表6.20 综合风险等级划分

综合风险值	0.00 < D ≤ 0.20	0.21 < D ≤ 0.40	0.41 < D ≤ 0.60	0.61 < D ≤ 0.80	0.81 < D ≤ 1.00
风险等级	低	偏低	中等	偏高	高

（二）综合风险评估结果与分析

以政治风险、经济风险、社会风险的主成分分析结果为基础，通过客观赋权，计算可得中国企业参与"一带一路"建设的境外安全综合风险值及等级（见表6.21）。

表6.21 中国企业参与"一带一路"建设的
境外安全综合风险评价结果

排名	政治风险	经济风险	社会风险	综合风险	综合风险值（等级）
1	新加坡	乌兹别克斯坦	捷克	新加坡	0.155（低）
2	以色列	土库曼斯坦	新加坡	捷克	0.171（低）
3	哈萨克斯坦	柬埔寨	匈牙利	波兰	0.253（偏低）
4	捷克	菲律宾	波兰	马来西亚	0.254（偏低）
5	沙特阿拉伯	印度尼西亚	马来西亚	以色列	0.287（偏低）
6	马来西亚	沙特阿拉伯	罗马尼亚	沙特阿拉伯	0.288（偏低）

排名	政治风险	经济风险	社会风险	综合风险	综合风险值（等级）
7	俄罗斯	俄罗斯	以色列	匈牙利	0.293（偏低）
8	老挝	泰国	白俄罗斯	哈萨克斯坦	0.304（偏低）
9	匈牙利	捷克	斯里兰卡	乌兹别克斯坦	0.308（偏低）
10	波兰	土耳其	土库曼斯坦	罗马尼亚	0.321（偏低）
11	斯里兰卡	缅甸	孟加拉国	柬埔寨	0.325（偏低）
12	越南	哈萨克斯坦	印度尼西亚	土库曼斯坦	0.326（偏低）
13	柬埔寨	孟加拉国	越南	印度尼西亚	0.343（偏低）
14	土耳其	马来西亚	乌兹别克斯坦	孟加拉国	0.364（偏低）
15	巴基斯坦	伊朗	沙特阿拉伯	越南	0.370（偏低）
16	泰国	波兰	塔吉克斯坦	泰国	0.380（偏低）
17	孟加拉国	罗马尼亚	柬埔寨	斯里兰卡	0.382（偏低）
18	缅甸	越南	哈萨克斯坦	土耳其	0.387（偏低）
19	菲律宾	以色列	吉尔吉斯斯坦	俄罗斯	0.390（偏低）
20	罗马尼亚	老挝	泰国	缅甸	0.392（偏低）
21	乌兹别克斯坦	吉尔吉斯斯坦	缅甸	白俄罗斯	0.421（中等）
22	吉尔吉斯斯坦	斯里兰卡	伊朗	菲律宾	0.434（中等）
23	塔吉克斯坦	巴基斯坦	土耳其	吉尔吉斯斯坦	0.446（中等）
24	印度尼西亚	匈牙利	乌克兰	塔吉克斯坦	0.451（中等）
25	白俄罗斯	白俄罗斯	蒙古	老挝	0.463（中等）
26	土库曼斯坦	伊拉克	俄罗斯	伊朗	0.477（中等）
27	蒙古	塔吉克斯坦	老挝	巴基斯坦	0.539（中等）
28	乌克兰	新加坡	菲律宾	蒙古	0.554（中等）
29	伊朗	蒙古	巴基斯坦	乌克兰	0.643（偏高）
30	伊拉克	乌克兰	伊拉克	伊拉克	0.684（偏高）

从评价结果可知，中国企业参与"一带一路"建设的境外安全风险基本处于中等偏低的状态。样本国中，新加坡和捷克两国属于低风险国；18 个国家属于偏低风险国，包括波兰、马来西亚、以色列、沙特阿拉伯、匈牙利、哈萨克斯坦、乌兹别克斯坦、罗马尼亚、柬埔寨、土库曼斯坦、印度尼西亚、孟加拉国、越南、泰国、斯里兰卡、土耳其、俄罗斯、缅甸；第三类是中等风险国，包括白俄罗斯、菲律宾、吉尔吉斯斯坦、塔吉克斯坦、老挝、伊朗、巴基斯坦、蒙古 8 个国家；只有乌克兰和伊拉克两国属于风险等级偏高的国家。具体如下所述。

第一，发达经济体普遍呈现较低的风险等级。样本国中，新加坡、捷克、波兰、以色列、匈牙利属于发达经济体，全部处于低风险水平或偏低风险水平。一般来讲，发达经济体具有较高的政府执政效率、较好的经济条件、良好的营商环境，而且公共安全问题相对较少，社会比较稳定，有助于降低中国企业参与"一带一路"建设的境外安全风险。

第二，东南亚国家普遍适宜投资，新加坡、马来西亚、柬埔寨、印度尼西亚、越南、泰国、缅甸均处于低风险水平或偏低风险水平。中国与东南亚国家在自然资源、生产能力、产业结构上的差异，促使中国与东南亚国家之间形成了巨大的产业互补优势，尤其是中国—东盟自由贸易区的建设推进着双方贸易互通、经济合作。近年来，新加坡、泰国、马来西亚与中国广泛开展旅游服务业的合作；越南、马来西亚、印度尼西亚成为中国代工企业的转移地；缅甸、柬埔寨与中国进行着资源开发的合作。显然，东南亚国家是中国企业参与"一带一路"建设投资的重要目的地，宜通过产业间横向协作和产业内纵向联系，充分发挥各国优势，建立互惠共生产业体系。

第三，中亚五国中哈萨克斯坦最适宜投资。中亚五国地处丝绸之路经济带核心区，而且资源禀赋非常丰富，例如，哈萨克斯坦享有"能源和原材料基地"之誉，具有丰富的石油、天然气资源和金属矿藏。近年来，中国与中亚五国在经贸、投资等领域合作不断加强。但是，中亚国家民族关系较为复杂，矛盾冲突时有发生，在政局稳定和社会安全等方面相对较差。从政治风险评价结果看，除哈萨克斯坦排名第三，其他四国均排名靠后；从社会风险评价结果来看，中亚五国的排名位于中等偏后。总体来说，哈萨克斯坦是中亚五国中营商环境最好的国家，是中国企业向中亚五国投资最适宜的目的国。

第四，战争、债务水平、与华关系等是影响风险水平的重要因素。样本国中，综合风险值最靠后的五个国家分别是伊朗、巴基斯坦、蒙古、乌克兰、伊拉克。巴基斯坦、伊朗、伊拉克社会稳定性相对薄弱；乌克兰的债务水平相对较高，乌克兰的银行不良贷款率高达30.47%，远高于《巴塞尔协议》规定的警戒线；乌克兰、蒙古与华关系的评价结果也排名倒数。很显然，如果一国政局不稳、债务高企、与华关系紧张，都会加剧中国企业参与"一带一路"国家建设的境外安全风险，中国企业的海外投资宜回避这些国家或地区。

四、小结

（1）随着"一带一路"倡议深入实施，中国企业拥有更多海外发展机会的同时也面临更大的境外安全风险，可谓机遇与挑战并存。中国企业参与"一带一路"建设的境外安全风险突出表现为政治风险、经济风险和社会风险。

（2）结合运用主成分降维和客观赋权，评价得出中国企业参与"一带一路"建设的境外安全风险基本处于中等偏低的状态。中国企业在参与"一带一路"建设中，宜选择发达经济体、具有产业互补优势的东南亚国家以及资源禀赋丰富的中亚国家，尽量回避战争、债务高企、与华关系紧张的沿线国家。

（3）为了帮助中国企业有效防范"一带一路"国家境外安全风险，建议建立健全境外安全风险预警机制，及时整理、分析、评估、披露各种境外安全风险因素，对于不同风险等级的区域或国家，差异化实施宏观审慎管理，采用定期方式或特殊情况下不定期方式，科学评估"一带一路"国家境外安全风险等级，并及时通过信息公示平台向中国企业发出风险预警信号；建立"政府—服务机构—企业"间高起点、高层次、高平台的风险防控联动机制，加强与"一带一路"国家的政策沟通与协调，尤其是面对突发安全事件时，避免分散决策所带来的低效率；建立企业合规管理机制，培育企业合规文化，尽量降低因与东道国的文化距离、制度距离而引发的境外安全风险。

第七章 促进中国与"一带一路"国家间产业转移共生发展的政策建议

有效促进中国与"一带一路"国家间产业转移，实现中国与"一带一路"国家间产业互惠共生，推动共建"一带一路"高质量发展，是本书研究的最终落脚点。本章将从产业政策、金融支持、风险防范等方面提出有序促进中国与"一带一路"国家间产业转移、推动共建"一带一路"高质量发展的政策建议，以期提供决策参考。

第一节 促进中国与"一带一路"国家间产业转移共生发展的产业扶持政策

一、大力推进中国与"一带一路"国家互联互通

加强中国与"一带一路"国家基础设施互联互通，提

升产业转移承接能力。聚焦生活生产相关基础建设项目，优先满足水利电力需求，推动几内亚水利枢纽项目等有序落地运营，稳步推进信息通信领域合作，提高邮电通信设施覆盖率；加强对北非等欠发达国家的基础建设援助力度，发挥基础设施与投资援助对欠发达地域反贫困的核心作用；加快"一带一路"海上以及空中交通网络构建，推进西非莱基港、马尔代夫维拉纳国际机场等一批重要港口和机场建设，完善"一带一路"国际港口群、机场群布局，提高集装箱装载容量和运输能力，推动"一带一路"重要港口联动，充分发挥国际物流枢纽作用，满足多种运输方式需求；巩固现有合作成果，促进国际货物联合运输合作，构建跨境运输信息共享平台，提高中欧班列等项目管理效率，缩短沿线国家与周边地区货运时间，降低跨境通行成本。

推动中国与"一带一路"国家政策、规则和标准对接，创建良好的制度联通环境。扩大中国与"一带一路"国家间战略互信，积极促进"一带一路"倡议与联合国2030年可持续发展目标等国际倡议、柬埔寨《2015~2025工业发展计划》等沿线国家发展规划对接，加强能源发展等重点领域合作共识，共同协商"一带一路"合作方案，合理有序发展合作项目；搭建畅通的多层次沟通交流机制，促进"一带一路"国家间智库、高校、媒体等民间交流，鼓励开展多主体对话、交流、合作，推动中国与"一带一路"国家开展科技合作和文化交流，提升"一带一路"倡议国际关注度和影响力；推动标准化助力共建"一带一路"，开展多领域标准互认工作，加强"一带一路"国家标准体系兼容，在建材、农业等优势领域协助沿线国家完善标准化体系，引导国内龙头企业积极参与国际标准构建，提升中国国际话语权；加深"一带一路"税收征管合作，结合大数据、区块链等新一代信息技术增强税收确定性，提高跨境征税能力及效率，避免跨境重复征税和税收争议难题。

二、持续深化中国与"一带一路"国家经贸合作

携手优化"一带一路"产业发展环境，减少产业转移阻碍。加快中国与"一带一路"国家自由贸易协定谈判进程，扩大自由贸易协定研究内容和谈判议题，完善自贸协定争端解决机制条款，就环境保护、知识产权、竞争政策等领域展开深入研究，促进"一带一路"国家贸易投资自由化和便利化，实现"一带一路"国家贸易畅通和投资畅通；围绕区域全面经济伙伴关系（RCEP）协定，以东南亚地区国家为重点，充分发挥贸易互补性优势，优化双边贸易结构，扩大中国与东盟国家贸易规模，推动自贸协定升级，鼓

励提高投资和金融市场开放度，减少贸易、投资壁垒促进市场一体化，稳步提高中国与东南亚地区国家间产业共生水平；以六大经济走廊为主要支点，依托既有的双边或多边合作关系，加快推动一批相关基础设施建设项目有序开工，促进生产要素充分跨境流动，激发当地经济活力刺激消费投资，扩大对周边地区的辐射力度，积极开拓南亚国家等潜力市场，实现以点带面、自线到片的协同发展。

高质量建设境外产业园区，构建产业合作平台发挥产业集聚效应。充分考量沿线国家产业发展水平、资源禀赋等影响因素，结合转移产业具体特征，以集约化发展为理念，合理规划产业园区布局和发展路径，积极融入东道国产业链，培育境外产业园区辐射能力，带动当地上下游产业发展；协同商议企业入驻优惠政策，提供园区用地便利，推进税收减免政策落地，降低投资准入门槛，完善物流网络提高货运便捷度，加快园区内生产、生活相关基础设施建设，提升人员签证、税费代缴、交通指引等商务服务水平，吸引更多企业入驻产业园区；加强产业园区建设引导，结合共建"一带一路"项目和沿线国家发展战略，明确园区产业发展定位，提高产业园区信息披露度，鼓励领军企业和民营企业进驻境外产业园区，构建全面客观的境外产业园区发展评价指标体系，敦促园区运营数据报备，定期开展科学评估。

三、全力推动中国与"一带一路"国家产业协同

强化产业链现有优势，着力培育重点特色产业发挥创新引领作用。加大对战略性产业和行业领军企业的扶持力度，集合政府部门、行业协会、智库以及咨询机构等多方力量，搭建产业专业化发展信息平台，梳理一批优势产业链以及相应的龙头企业、核心技术，鼓励强强联合的跨产业链企业合作，优化产业链供需对接机制，提升跨境资源配置效率；支持重点产业集聚集群发展，鼓励龙头企业以战略合作、并购、参股等"走出去"，发挥行业协调引领作用，增强区域辐射带动能力，通过知识外溢、劳动力市场共享等效应，吸引中小企业围绕大企业需求开展生产活动，提高产业配套水平，促进大中小企业融通合作、上下游企业协同发展；积极融入全球产业链分工，瞄准价值链高端环节，优化对外投资结构，扩大对高新技术行业等重点产业的投资，加强与全球产业价值链地位高的国家间投资合作，通过承接产业转移、建设产业集聚区等方式实现价值链攀升。

补齐产业链突出短板，加快打通断点堵点，提高产业链的稳定性和韧性。提升自主创新能力，加大高端要素培育力度，扩大教育与研发投入，加强引资引智引技，促进产学研深度协同合作，完善科技创新激励机制，集聚多方资源攻关

重点难点问题，摆脱产业链"卡脖子"环节的对外依赖，实现高科技领域、能源供给等产业链自主可控；加强国际研发合作，持续推进"一带一路"科技创新行动计划，拓宽中国与沿线国家科技人文交流渠道，鼓励开展主体多样、形式丰富的科技交流活动，加强科技合作、创新研发动态等信息共享，支持国内科研机构、有实力的企业与国际知名高技术企业、研发机构共建海外联合研究中心，加速科技创新进程，提高产业链抗风险能力；优化知识产权保护机制，完善国内知识产权相关立法，提高商标、专利申请审查效率，加大恶意侵害知识产权行为打击力度，促进科技成果有效转化，积极推进"一带一路"知识产权合作，保障企业海外经营活动顺利开展。

延伸产业链既有长度，大力促进上下游协同合作实现产业深度融合。提高全产业链合作水平，利用我国与"一带一路"国家间产业梯度，统筹行业特性、要素禀赋优势、上下游产业关联程度等影响因素，引导企业抱团转移，鼓励优势特色产业向上下游延伸，以产业园区、经贸合作区等产业合作平台为载体，完善产业转移配套建设，提高跨境资源配置效率，推动投资、建设、运营一体化；紧抓市场共享机遇，积极扩大对外投资，提高与东南亚等重点国家的合作规模与质量，稳健开拓南亚、中东欧等潜力市场，完善"一带一路"产业合作项目信息平台，增强合作项目信息披露与共享，扩大博览会、投资项目推荐会等投资促进渠道，优化海外市场布局；引导先进制造业与软件和信息技术等服务业融合发展，加强大数据、云计算、人工智能在实体经济中的应用，实施市场动态精准监测，实现智能化精细化发展，提高产品国际竞争力，鼓励开展产业精准对接活动，搭建对接合作信息平台，打破产业链上下游信息壁垒，引导产业链向缺失处、空白处领域延伸。

第二节　促进中国与"一带一路"国家间产业转移共生发展的金融财税政策

一、加快完善金融市场体系，筑牢"一带一路"建设的金融支撑

加快完善股票和债券市场。不断完善 IPO、再融资、并购重组等基本制度，加大对参与"一带一路"建设相关企业的融资支持力度；深化新三板改革，强化主板、中小板、创业板的融资功能，拓宽企业参与"一带一路"项目建设的融资渠道和途径；加强跨境监管协调，改革境内企业境外上市制度，支持符合条件的企业赴境外上市融资；增加中长期项目资金投入，减轻项目主体债务负担，提升项目自身抗风险能力，从而带动更多资金进入，推动各方形成真正的利

益共同体。

稳步推进商品期货市场建设。充分发挥期货市场在维护国家经济安全和服务实体经济方面的综合实力；加快期货市场的法治化进程，在更好地满足国内参与者投资需求的同时，增强对国际投资者的吸引力；提升期货公司和期货交易所的国际服务能力，构建现代化期货服务体系，实现期货业国际市场竞争力的跨越式发展；完善期货市场品种体系与结构，拓展新的期货领域与工具，满足"一带一路"建设下经济发展的不同需要；推动央企、大型国企和有实力的民企将国内期货市场价格作为经贸交流的定价基础，将以人民币计价的定价模式应用于"一带一路"经贸合作中。

扎实推进外汇市场发展与稳定。积极探索外汇储备在支持"一带一路"建设中的多元化运用，通过股权、债权、基金等方式支持与"一带一路"密切相关的基础设施建设、资源开发和产能合作等项目；不断推进汇率市场化和人民币国际化，在增强人民币汇率弹性的同时加快金融的数字化转型，满足不同投资者对汇率风险管理的需求；加强对"一带一路"国家外汇管理政策的研究，尊重"一带一路"国家不同的外汇管理模式，通过双多边合作机制加强各国发展战略对接；建立针对跨境资本流动的监测、分析、预警和响应机制，营造更加安全、便捷的外汇环境，维护金融体系安全和国际收支平衡；保持各项监管政策和执法标准的跨周期稳定性、一致性和可预见性，实行重点领域重点监管，坚决打击违法违规行为，依法依规维护外汇市场秩序。

进一步加大整个金融市场的开放力度。遵循平等协商、互利共赢、开放包容的理念，尊重国际经济金融规则，促进中国与沿线国家共同发展、共同繁荣；鼓励外商投资管理由事前审批向事中和事后监管转变，营造国际化、法治化的营商环境；降低关税壁垒，扩大金融服务业市场准入，引导国际国内投资者适应开放型经济转型的需要，更加积极主动地开展对外投资合作，合理配置各类金融资源。

二、深入推进金融机构改革，助推"一带一路"建设高质量发展

商业银行应积极实施战略转型，提高综合业务能力。准确把握行业发展方向，主动对接国家"一带一路"建设和企业"走出去"需求，设计差异化融资方案，确保信贷资金精准投放；加快多元化金融信贷产品的开发进程，丰富和完善金融产品体系，建立信贷支持长效机制，为"一带一路"建设提供全面、长期、稳定且优质的金融服务；支持中资银行在"一带一路"国家和地区设立分支机构，鼓励沿线国家符合条件的银行金融机构来华开展业务，扩大全球网点布局，提高国际化经营水平；不断完善多渠道和多边沟通

机制，积极探索跨境金融合作，持续推进金融创新，努力营造良好的外部环境。

政策性金融机构应突出业务优势，落实战略部署。充分发挥政策性银行在"一带一路"建设中的独特优势，以服务国家发展和促进对外投融资合作为服务宗旨，通过银团贷款、联合融资、第三方市场合作等方式全力支持共建"一带一路"需要的基础设施建设、产能合作等重点项目；加快政策性非银行金融机构在"一带一路"国家设立分支机构的步伐，协助企业和东道国利益相关者进行有效沟通，提高政策性非银行金融机构的国际化经营能力。

保险机构应主动参与，提供全面风险保障与服务。持续创新保险产品和服务，主动满足"一带一路"建设过程中的各类保障需求，努力推动保险行业成为"一带一路"建设的重要支撑；把保险机制纳入"一带一路"建设的总体规划和顶层设计中，鼓励有国际业务的相关企业在国内投保进出口货运险，并根据实际情况给予适当的税收减免优惠；对有"走出去"相关业务的保险公司适当放宽短期盈利要求，从而引导更多国内保险资源投向"一带一路"建设；支持具有一定资金实力和市场开拓能力的保险机构逐步建立健全国际化经营服务网络，增强我国境外保险服务的规模与实力。

加强国内外金融机构合作，持续完善全球机构布局。充分利用亚洲基础设施投资银行、金砖国家新开发银行、世界银行、上合组织开发银行等新型多边金融机构资金成本低、市场信誉好、基础设施项目经验丰富等优势,为"一带一路"沿线一些兼具社会效益和经济效益的项目提供高效的经济平台和完整的融资链;推动中国优势产能与先进技术和投资所在国的发展需求有效对接,打造境内外融资产品和服务信息共享平台,畅通我国融资主体与东道国金融机构之间的信息渠道,减少双方信息不对称;鼓励、支持双方金融机构到各自国家互设分支机构,优化金融机构在"一带一路"沿线的网点布局。

三、逐步完善金融基础建设,提升"一带一路"服务能力与水平

完善金融宏观调控和监管机制。加快信用信息交流共享,构建大数据征信体系和征信平台,扩大信用记录覆盖面,将参与"一带一路"建设的企业和个人全部纳入征信系统,加大对参与"一带一路"建设的企业和个人的金融失信惩戒力度;加强对跨境资本流动的大数据分析,通过指标体系监测及时发现异常跨境资金流动状况,精准灵活运用各类宏观审慎政策工具,进行有效的识别、预警和干预;建立更加符合沿线国家国情、能够被各国普遍接受的议事规则和决策机制,充分发挥规则和法治在凝聚共识、平衡利益、支持发展、化

解纠纷等方面的作用；加强风险管理能力建设，为推动全球经济实现强劲、包容和可持续增长作出更大贡献。

推进人民币在"一带一路"国家率先国际化。从政策层面看，坚持货币政策独立性，确保人民币币值稳定，稳步推进资本项目开放，努力形成以人民币为核心、沿线各国央行广泛参与的区域货币合作体系。从贸易层面看，将人民币交易系统的报价、交易和结算等功能延伸至"一带一路"国家的金融市场，推动大宗商品以人民币计价和结算，提高人民币在全球贸易中的使用程度；从投资层面看，引导社会资金投资于基础设施、产能和金融合作等重大项目，充分发挥人民币专项贷款和丝路基金在支持"一带一路"建设中的独特优势；从金融市场层面看，在"一带一路"沿线条件相对成熟的国家建立多元化的人民币离岸中心，加强外汇交易、债券发行、国际信贷及衍生产品等跨境人民币业务的金融创新，实现多层次发展模式。

四、不断加大财税支持力度，优化"一带一路"建设的营商环境

完善税收政策，服务"一带一路"建设。落实我国与沿线国家签署的税收协定及相关解释性文件，确保不同地区执法的一致性，配合国家税务总局做好非居民享受协定待遇

审批改备案的相关工作，为跨境纳税人营造良好的税收环境；及时、充分了解中国企业参与"一带一路"建设过程中的涉税诉求和税收争议，收集、分析和研究对口国家的税收信息后尽快建立国别税收信息中心和"一带一路"税收服务网页，分国别介绍"一带一路"国家税收政策；针对沿线国家不同的税收政策分期分批为参与"一带一路"建设的中国企业开展专题培训，解答企业在"走出去"过程中遇到的各种涉税问题，协助企业利用税收协定保护自身权益、防范税收风险；组建具有一定规模、能够为企业"走出去"战略提供法律、会计、税务咨询和跨国经营综合服务的国际化事务所，最大限度地降低"走出去"企业的税收负担；依托大数据技术分类归集境外税收信息，建立境外税收信息专项档案，及时跟进"一带一路"国家情况；根据国际经济环境变化和境外投资特点研究涉税风险特征，建立分国家、分地区的风险监测指标和风险预警机制，提示"走出去"企业税收风险。

加强财政支持力度，推动"一带一路"建设。充分发挥市场配置资源的决定性作用和政府政策的引导和支持作用，适当扩大投资规模，增加投资项目数量，实现各方协同推动"一带一路"高质量共建的良好格局，为区域的经济高质量发展创造良好条件；在各级政府预算安排的投资项目中，同等条件下优先考虑参与"一带一路"建设的公路、铁路、光缆、电力以及配套的教育、医疗、环保等项目；在中央财政对地方财政的专项转移支付中，可根据"一带一路"建设对基础设施的需要，增加其专项转移支付，满足同"一带一路"国家开展经济文化交流的需求；对于有一定收益的基础设施领域，可通过引导社会资本与政府合作的方式，充分发挥公私部门在参与"一带一路"建设中的各自优势；从国家层面设立"一带一路"建设专项教育和培训基金，鼓励各大科研院所加强对"一带一路"相关问题的研究，多渠道、多方式开发和培育"一带一路"建设所需的人力资源，为中国企业参与"一带一路"建设提供充足的智力支持。

第三节　促进中国与"一带一路"国家间产业转移共生发展的风险防范措施

一、构建中国与"一带一路"国家产业合作风险评估体系

建立国际合作产业安全风险数据库及其风险辨识、评价、警示指标等体系，定期发布中国和"一带一路"各国间产业合作风险评价报告，及时通报、提醒并报告参与合作企业可能在产业合作过程中出现的主要政治、经济和社会风险，以便适时采取相应对策和预防措施；建立并完善海外公

司安全责任体系、国际安全联络机制、海外公司安全检查机制以及时发现和防范风险的进一步增加，同时加强公司内部监督机构以规范公司的经济活动；搭建一个多级协作平台，全面统筹中国与"一带一路"国家间政府政策以及相应配套措施，促进中国与"一带一路"各国地区经济社会的一体化；发挥海外公民与合作组织间的安全保障工作及部际联席委员会领导机制功能，综合运用经济、外交、法制等手段维护中国与"一带一路"各国及区域间合作企业的正当权利与利益，进一步完善国家网络安全风险预警与紧急处置机制，有效妥善解决突发安全事件与有效处理各类重大网络安全问题，切实保障中国与"一带一路"国家或地区间公民和企业在产业合作过程中的安全。

企业应事前充分研究市场寻租行为、产业环境和社会观念等各方面情况，并分析、评价企业承接能力、商业环境、风险挑战及其抗风险的能力，建立和利用风险预警机制，事中积极运用保险、其他风险管理组织等机构所提供的政治、经贸信贷风险保障产品以及各种商业保障服务，同时密切关注"一带一路"国家的通货膨胀率、商品价格水平以及国际汇率变动，及时规避投资合作的风险，以切实维护企业权益；建立健全内部控制系统，确保母公司和子公司、总公司和分公司之间信息对称性和透明性，协作和配合公司间许可、非兼容业务分离、独立业务监察、资产和会计等主要控制环节，根据投资环境或业务性质变化和过去投资合作经验，及时调整和完善内部控制系统，并积极探索多元化融资渠道以制定灵活的生产和运作战略，建立健全内控机制和多样化风险化解机制。

二、健全中国与"一带一路"国家间产业合作风险防范对策

关于防范政治风险对策。全方位了解中国和"一带一路"各国的政治风险信息，并针对各方潜在政治风险做到因国施策，时刻掌握世界各国在不同历史发展时期内政治风险的动态变化情况和特征，准确判断区域局势和全球大势，合理防范政治风险；健全政治风险评价制度，结合各种方式全面评价影响中国对外投资的潜在政治风险；健全政治风险预警制度，通过仔细筛选政治关键风险，在事前建立好政治风险预警制度和应急预警措施，以有效化解政治经营风险。

关于防范经济风险对策。合理评价投资所在国的经营情况，并总结国内外经验教训，充分结合针对性管理和全面的风险应对，适时调整、创新投资战略与方法，理性做出投资选择和多元化的投资方向，也可采取与本地公司协作，明晰各方权利和责任以分散投资风险；合理运用国内与东道国的财政税收、投资保险优惠政策，全面掌握各国国内的资金扶

持政策、贷款额度变化、信贷担保机制、投资保险制度等，并针对各国自身状况，选择恰当的信贷机制、投资保险模式等以降低对外融资风险损失；健全企业管理架构与内部财务管理流程，有效跟踪企业各项财务指标变化，兼顾投资收益和经营风险，健全低风险内部管理环节，有效减少企业对外投资的经济风险，确保企业对外投资顺利开展；全面考虑中国和"一带一路"各国在资源环保等方面的投资差距，根据不同环境选用各种融资方法，来减少融资风险。

关于预防社会文化风险对策。全面评估东道国的社会环境，重点掌握当地安全形势、劳动力市场情况、市民教育水准等基本状况，并全方位掌握历史传统、社会习俗、宗教和禁忌、商业交易习惯以及当地社会和市民对中国、中国大企业的认可度；全面评价东道国的人文环境，并审慎评估投资项目布局，以把握本地市场先前是否有大量外国投资经营的失败个案，调查本地市民对外国投资的最大需求；找到理想的东道国或合作伙伴，迅速了解当地文化传统、交易惯例，提高企业经营能力和海外适应能力，多方面形成共赢。

三、推动中国与"一带一路"国家风险管控法律体系建设

推动签订贸易和投资保护等方面的法律法规合作协议。

不断完善中国与"一带一路"国家贸易和投资方面的法律法规协调沟通，充分保障企业对外贸易和投资合法权益，促进企业持续生存和健康发展，有效推动中国与"一带一路"国家区域经济一体化进程；推进与沿线国家签订关于贸易和投资方面双边法律协定以规避法律风险，保障中国与"一带一路"国家经济活动有序进行；充分考虑中国与"一带一路"国家间贸易和投资的新特点和新形势，持续创新完善现有法律法规体系，协商制定针对中国与"一带一路"国家的合作协议和法律法规，充分保障国际多边合作效率和安全性。

建立健全中国与"一带一路"国家间的争端协商调解机制。大力深化拓展中国与"一带一路"国家企业间贸易往来和投资合作，提高冲突和争议解决效率；充分考虑现实经济活动的复杂性和真实性，继续完善已经初步形成的中国与"一带一路"国家间国际争端协商机制，通过和平协商和沟通解决法律难以解决的冲突和难题，有效弥补双边贸易和投资协定存在的法律真空地带以规避法律风险，促进经贸活动正常运行，大力提高中国与"一带一路"国家间争端解决效率和合作效率；综合使用多种争端解决机制，如基于《华盛顿条约》建立的投资争端解决机制（ICSID）和基于WTO协定建立的WTO争端解决机制等，完善争端机制解决体系。

倡导以中国机构为主导的"一带一路"争端解决方式。坚持共商、共建、共享的原则，采取协商、谈判方式解决经贸争端，参考世界银行平台下设的国际投资争端解决中心经验，充分发挥中国在共建"一带一路"中的主导作用，有效利用中国发起设立的亚洲基础设施投资银行这一核心平台，借鉴国际社会的革新做法，尝试在中国国内建立以中国机构为主导、专门负责"一带一路"贸易投资的争端解决机制平台，积极引导"一带一路"国家参与该平台的建设和管理，借助制度融通和文化交流调和各国在争端解决中的差异，共同推进区域争端解决的针对性、规范性和真实性，充分保障中国企业合理权益，提高中国与"一带一路"国家间争端解决的准确性和实效性。

参 考 文 献

［1］阿尔弗雷德·韦伯著．李刚剑等译．工业区位论
［M］．北京：商务印书馆，1997．

［2］阿瑟·刘易斯著．乔依德译．国际经济秩序的演变
［M］．北京：商务印书馆，1984．

［3］安虎森，肖欢．我国区域经济理论形成与演进
［J］．南京社会科学，2015（9）：23－30．

［4］白江．金融抑制、金融法治和经济增长［J］．学
术月刊，2014（7）：69－78．

［5］蔡翔，吴俊，徐正丽．跨国并购是否促进了母公司
技术创新：基于"一带一路"倡议的准自然实验［J］．湖
南科技大学学报（社会科学版），2021，24（1）：67－74．

［6］蔡勇志，黄茂兴．"一带一路"倡议下深化与南太
平洋岛国经贸合作——以福建为例［J］．福建论坛（人文
社会科学版），2021（1）：185－196．

［7］曹馨，张怀荣，陈庆华等．产业共生推进节能减排

协同管理的不确定性分析 [J]. 福建师范大学学报（自然科学版），2020，36（2）：1 - 11 + 37.

[8] 曾楚宏，王钊. 中国主导构建"一带一路"区域价值链的战略模式研究 [J]. 国际经贸探索，2020，36（6）：58 - 72.

[9] 陈刚，刘珊珊. 产业转移理论研究：现状与展望 [J]. 当代财经，2006（10）：91 - 96.

[10] 陈继勇，李知睿. 中国对"一带一路"国家直接投资的风险及其防范 [J]. 经济地理，2018，38（12）：10 - 15，24.

[11] 陈健，龚晓莺. 中国产业主导的"一带一路"区域价值链构建研究 [J]. 财经问题研究，2018（1）：43 - 49.

[12] 陈茜，田治威. 共生理论视角下创新区内企业绩效评估与审计 [J]. 河南社会科学，2017，25（8）：99 - 106.

[13] 陈文玲，梅冠群. "一带一路"物流体系的整体架构与建设方案 [J]. 经济纵横，2016（10）：19 - 26.

[14] 崔莉，雷宏振. 基于网络虚拟空间进行的产业转移内涵、机制与特征 [J]. 企业经济，2018，37（9）：118 - 124.

[15] 戴宏伟，王云平. 产业转移与区域产业结构调整的关系分析 [J]. 当代财经，2008（2）：93 - 98.

［16］戴一鑫，李杏，晁先锋. 产业集聚协同效度如何影响企业创新——"地理、技术、组织"共生演化的视角［J］. 当代财经，2019（4）：96 – 109.

［17］党琳静，赵景峰. 中国对"一带一路"国家农产品出口的贸易效率与潜力预测［J］. 西北农林科技大学学报（社会科学版），2020，20（1）：128 – 136.

［18］邓光奇."一带一路"背景下新疆旅游产业发展研究［J］. 西北民族研究，2018（1）：224 – 229.

［19］刁莉，邓春慧，李利宇."一带一路"背景下中国对西亚贸易潜力研究［J］. 亚太经济，2019（2）：61 – 67，150 – 151.

［20］丁玲，吴金希. 核心企业与商业生态系统的案例研究：互利共生与捕食共生战略［J］. 管理评论，2017，29（7）：244 – 257.

［21］丁世豪，何树全. 中国对中亚五国农产品出口效率及影响因素分析［J］. 国际商务（对外经济贸易大学学报），2019（5）：13 – 24.

［22］杜德斌，马亚华."一带一路"——全球治理模式的新探索［J］. 地理研究，2017，36（7）：1203 – 1209.

［23］范树平，刘友兆，程久苗，於冉，严静. 新时代土地利用与产业发展：框架构建、作用机理及优化路径——基于共生理论视域［J］. 湖北师范大学学报（哲学社会科

学版)，2020，40（1）：58-64.

[24] 方慧，赵胜立."一带一路"倡议促进了中国产业结构升级吗？——基于285个城市的双重差分检验 [J].产业经济研究，2021（1）：29-42.

[25] 方齐云，张思滢."一带一路"国家的通信设施、金融发展与我国对外投资 [J].武汉金融，2020（4）：37-45.

[26] 方英，马芮.中国与"一带一路"国家文化贸易潜力及影响因素：基于随机前沿引力模型的实证研究 [J].世界经济研究，2018（1）：112-121，136.

[27] 付凌晖.我国产业结构高级化与经济增长关系的实证研究 [J].统计研究，2010，27（8）：79-81.

[28] 傅为忠，边之灵.区域承接产业转移工业绿色发展水平评价及政策效应研究——基于改进的 CRITIC - TOP-SIS 和 PSM - DID 模型 [J].工业技术经济，2018，37（12）：106-114.

[29] 甘瑁琴，邓德胜.工程机械企业国际知名品牌价值评价研究——以湖南省为例 [J].技术经济与管理研究，2013（2）：12-15.

[30] 干春晖，郑若谷，余典范.中国产业结构变迁对经济增长和波动的影响 [J].经济研究，2011，46（5）：4-16，31.

[31] 龚燕秋，张军.中欧班列耦合共生模式及机制探

究［J］．铁道运输与经济，2020，42（11）：51 – 56．

［32］顾春太．我国对"一带一路"国家贸易合作的省际空间差异及其影响因素［J］．东岳论丛，2019，40（6）：75 – 86．

［33］郭莉．工业共生进化及其技术动因研究［D］．大连：大连理工大学，2005．

［34］郭扬，李金叶．后危机时代我国加工贸易梯度转移的动力因素研究［J］．国际商务研究，2018，39（4）：47 – 56．

［35］韩娅，陆林．基于共生理论的环巢湖游憩带城湖联动发展研究［J］．安徽师范大学学报（自然科学版），2014，37（4）：383 – 388．

［36］韩永辉，罗晓斐，邹建华．中国与西亚地区贸易合作的竞争性和互补性研究——以"一带一路"战略为背景［J］．世界经济研究，2015（3）：89 – 98，129．

［37］贺灿飞，任卓然，叶雅玲．中国产业地理集聚与区域出口经济复杂度［J］．地理研究，2021，40（8）：2119 – 2140．

［38］侯敏，邓琳琳．中国与中东欧国家贸易效率及潜力研究——基于随机前沿引力模型的分析［J］．上海经济研究，2017（7）：105 – 116．

［39］胡俊文．国际产业转移的理论依据及变化趋势——对国际产业转移过程中比较优势动态变化规律的探讨

[J]. 国际经贸探索, 2004 (3): 15 - 19.

[40] 胡立君, 薛福根, 王宇. 后工业化阶段的产业空心化机理及治理——以日本和美国为例 [J]. 中国工业经济, 2013 (8): 122 - 134.

[41] 胡晓鹏, 李庆科. 生产性服务业与制造业共生关系研究——对苏、浙、沪投入产出表的动态比较 [J]. 数量经济技术经济研究, 2009, 26 (2): 33 - 46.

[42] 胡晓鹏. 产业共生: 理论界定及其内在机理 [J]. 中国工业经济, 2008 (9): 118 - 128.

[43] 黄亮, 邱枫. 从软件外包到研发服务: 班加罗尔的案例研究 [J]. 世界地理研究, 2016, 25 (3): 21 - 29.

[44] 黄群慧, 贺俊. 中国制造业的核心能力、功能定位与发展战略——兼评《中国制造2025》[J]. 中国工业经济, 2015 (6): 5 - 17.

[45] 江露薇, 冯艳飞. 长江经济带城市间装备制造业的共生模式研究 [J]. 财会月刊, 2019 (24): 128 - 133.

[46] 江瑶, 高长春, 陈旭. 创意产业空间集聚形成: 知识溢出与互利共生 [J]. 科研管理, 2020, 41 (3): 119 - 129.

[47] 姜辉, 周倚乐, 龙海明. 金融资源配置对产业结构优化的影响研究 [J]. 金融经济, 2020 (10): 9 - 19, 28.

[48] 金碚. 论经济全球化3.0时代——兼论"一带一

路"的互通观念 [J]. 中国工业经济, 2016 (1): 5-20.

[49] 金刚, 沈坤荣. 中国企业对"一带一路"国家的交通投资效应: 发展效应还是债务陷阱 [J]. 中国工业经济, 2019 (9): 79-97.

[50] 康佳妮. 共生视域下中国与"一带一路"国家间产业合作研究 [J]. 环渤海经济瞭望, 2019 (9): 83-84.

[51] 康佳妮. 产业共生关系对产业转移的影响机理及博弈解释——基于中国与"一带一路"国家间的研究 [D]. 湘潭: 湖南科技大学, 2020.

[52] 蓝庆新, 姜峰. "一带一路"与以中国为核心的国际价值链体系构建 [J]. 人文杂志, 2016 (5): 29-34.

[53] 雷红. 中国 OFDI 逆向技术溢出、金融发展与全要素生产率 [J]. 现代经济探讨, 2019 (8): 75-84.

[54] 李灿. 论企业绩效评价系统优化——基于共生理论的思考 [J]. 中南财经政法大学学报, 2010 (6): 120-125.

[55] 李国, 孙庆祝. 国家体育产业示范基地体育用品制造业与服务业共生行为模式分析——以苏南国家体育产业示范基地为例 [J]. 北京体育大学学报, 2021, 44 (8): 42-53.

[56] 李俊强, 刘昊凝. 京津冀产业结构升级一体化的可能性分析 [J]. 国家行政学院学报, 2016 (2): 112-116.

[57] 李娜. 全球化治理的中国实践方案: "一带一路"发展成果研究 [J]. 河南社会科学, 2020, 28 (8): 33-42.

［58］李琴，朱农．产业转移背景下的农民工流动与工资差异分析［J］．中国农村经济，2014（10）：35－47．

［59］李天放，冯锋．跨区域技术转移网络测度与治理研究——基于共生理论视角［J］．科学学研究，2013，31（5）：684－692．

［60］李雯轩，李晓华．新发展格局下区域间产业转移与升级的路径研究——对"雁阵模式"的再探讨［J］．经济学家，2021（6）：81－90．

［61］李肖钢，王琦峰．基于公共海外仓的跨境电商物流产业链共生耦合模式与机制［J］．中国流通经济，2018，32（9）：41－48．

［62］李雄师，唐文琳，赵慧．邻国汇率效应对中国与"一带一路"国家贸易的影响——基于动态空间计量模型的实证分析［J］．亚太经济，2019（3）：46－58，150．

［63］李玉璧，王兰．"一带一路"建设中的法律风险识别及应对策略［J］．国家行政学院学报，2017（2）：77－81，127．

［64］郦瞻，谭福河，沈肖媛．现阶段浙江省产业转移问题研究［J］．商业研究，2004（12）：109－111．

［65］连远强．产业链耦合视角下创新联盟的共生演化问题研究［J］．科学管理研究，2015，F33（5）：29－33．

［66］廖泽芳，李婷，程云洁．中国与"一带一路"国

家贸易畅通障碍及潜力分析［J］.上海经济研究，2017（1）：
77－85.

［67］刘嘉宾.产业转移对环境污染影响的实证研究
［J］.经济师，2019（2）：26－28.

［68］刘莉君，康佳妮，刘友金.基于偏离—份额法的
长江经济带制造业发展类型演变特征与转/承态势分析［J］.
重庆大学学报（社会科学版），2020，26（1）：31－44.

［69］刘莉君，刘雪婧，刘友金.东道国金融发展影响
中国与"一带一路"国家间产业转移的实证检验［J］.财
经理论与实践，2021，42（6）：2－9.

［70］刘莉君，刘友金.产业转移与土地利用的耦合作
用机理及协调度评价——以环长株潭城市群为例［J］.财经
理论与实践，2019，40（4）：137－144.

［71］刘莉君，张景琦，刘友金.中国民营企业参与
"一带一路"建设的风险评价［J］.统计与决策，2020，36
（24）：166－169.

［72］刘莉君，张景琦."一带一路"背景下霍尔果斯
口岸对外贸易发展：现状、困境及政策建议［J］.湖南工程
学院学报（社会科学版），2019，29（4）：7－11.

［73］刘莉君.中国企业参与"一带一路"建设的境外
安全风险评价［J］.中国安全科学学报，2019，29（8）：
143－150.

[74] 刘清才，张伟. 中国"一带一路"建设与全球治理——区域经济合作的模式创新 [J]. 天津师范大学学报（社会科学版），2017（2）：59-65.

[75] 刘淑春，闫津臣，张思雪，林汉川. 企业管理数字化变革能提升投入产出效率吗 [J]. 管理世界，2021，37（5）：13，170-190.

[76] 刘潇潇. "一带一路"下加强现代物流服务体系建设的思考 [J]. 宏观经济管理，2016（12）：57-60.

[77] 刘友金，胡黎明. 产品内分工、价值链重组与产业转移——兼论产业转移过程中的大国战略 [J]. 中国软科学，2011（3）：149-159.

[78] 刘友金，尹延钊，曾小明. 中国向"一带一路"国家产业转移的互惠共生效应——基于双边价值链升级视角的研究 [J]. 经济地理，2020，40（10）：136-146.

[79] 刘友金，袁祖凤，周静，姜江. 共生理论视角下产业集群式转移演进过程机理研究 [J]. 中国软科学，2012（8）：119-129.

[80] 刘友金，周健，杨淇番. 产业共生、梯度差异与中国向"一带一路"国家产业转移 [J]. 湖南财政经济学院学报，2021，37（3）：5-13.

[81] 卢锋，李昕，李双双等. 为什么是中国？——"一带一路"的经济逻辑 [J]. 国际经济评论，2015（3）：

4，9 – 34.

[82] 鲁圣鹏，李雪芹，刘光富. 生态工业园区产业共生网络形成影响因素实证研究 [J]. 科技管理研究，2018，38（8）：194 – 200.

[83] 陆华，王晓平，王鑫宇. "一带一路" 沿线物流枢纽网络体系建设研究 [J]. 宏观经济研究，2018（11）：94 – 101，138.

[84] 罗强强. "一带一路" 实践与国际政治格局——基于风险社会视角的战略分析 [J]. 社会科学辑刊，2021（3）：105 – 112.

[85] 吕政宝，吴晓霞. "一带一路" 建设下中国—东盟文化创意产业融合发展研究 [J]. 广西社会科学，2018（5）：57 – 61.

[86] 马广程，许坚. 消费升级、空间溢出与产业全要素生产率 [J]. 技术经济，2020，39（12）：9 – 15.

[87] 马永强，谢静欣，梅冬，陈佑成. 基于协同—共生视角的茶产业生态圈协调发展实证分析 [J]. 农业资源与环境学报，2021，38（2）：344 – 354.

[88] 孟醒，董有德. 社会政治风险与我国企业对外直接投资的区位选择 [J]. 国际贸易问题，2015（4）：106 – 115.

[89] 聂飞. 中国对外直接投资推动了制造业服务化吗？——基于国际产能合作视角的实证研究 [J]. 世界经济

研究, 2020 (8): 86 – 100, 137.

[90] 欧定余, 彭思倩. 逆全球化背景下东亚区域经济共生发展研究 [J]. 东北亚论坛, 2019, 28 (4): 59 – 70, 128.

[91] 潘雨晨, 张宏. 中国与"一带一路"国家制造业共生水平与贸易效率研究 [J]. 当代财经, 2019 (3): 106 – 117.

[92] 彭薇, 熊科. 全球价值链嵌入下"一带一路"国家产业转移研究——基于世界投入产出模型的测度 [J]. 国际商务 (对外经济贸易大学学报), 2018 (3): 38 – 48.

[93] 秦炳涛, 葛力铭. 相对环境规制、高污染产业转移与污染集聚 [J]. 中国人口·资源与环境, 2018, 28 (12): 52 – 62.

[94] 任莉. 中国西部地区承接国际产业转移效应研究 [D]. 北京: 中央财经大学, 2017.

[95] 邵宜航, 刘仕保, 张朝阳. 创新差异下的金融发展模式与经济增长: 理论与实证 [J]. 管理世界, 2015 (11): 29 – 39.

[96] 石岚, 王富忠. "一带一路"视域下中国新疆与中亚国家农业合作 [J]. 新疆社会科学, 2018 (1): 59 – 64.

[97] 石磊, 刘果果, 郭思平. 中国产业共生发展模式的国际比较及对策 [J]. 生态学报, 2012, 32 (12): 3950 – 3957.

[98] 史宝娟, 郑祖婷. 京津冀生态产业链共生耦合机

制构建研究［J］. 现代财经（天津财经大学学报），2017，37（11）：3 - 13.

［99］史恩义，张瀚文，闫晓光. 金融发展差异与国际产能合作绩效：机制、效用与条件［J］. 国际金融研究，2020（9）：56 - 66.

［100］宋长青，葛岳静，刘云刚等. 从地缘关系视角解析"一带一路"的行动路径［J］. 地理研究，2018，37（1）：3 - 19.

［101］宋周莺，车姝韵，张薇. 我国与"一带一路"国家贸易特征研究［J］. 中国科学院院刊，2017，32（4）：363 - 369.

［102］孙畅. 产业共生视角下产业结构升级的空间效应分析［J］. 宏观经济研究，2017（7）：114 - 127.

［103］孙金彦，刘海云. "一带一路"战略背景下中国贸易潜力的实证研究［J］. 当代财经，2016（6）：99 - 106.

［104］孙淼. 物流业集聚与我国区域经济协同共生关系分析——基于非线性视角［J］. 商业经济研究，2021（1）：102 - 105.

［105］孙彦波. 中国投资在"一带一路"国家的区位分布及政治风险实证分析［J］. 云南财经大学学报，2017，33（6）：123 - 131.

［106］孙源. 共生视角下产业创新生态系统研究［J］.

河南师范大学学报（哲学社会科学版），2017，44（1）：127 - 134.

[107] 谭介辉. 从被动接受到主动获取——论国际产业转移中我国产业发展战略的转变 [J]. 世界经济研究，1998 (6)：65 - 68.

[108] 谭秀杰，周茂荣.21 世纪"海上丝绸之路"贸易潜力及其影响因素——基于随机前沿引力模型的实证研究 [J]. 国际贸易问题，2015（2）：3 - 12.

[109] 汤永川，潘云鹤，张雪等."一带一路"沿线六大经济走廊优势产业及制造业国际合作现状分析 [J]. 中国工程科学，2019，21（4）：60 - 68.

[110] 唐奇展，杨凤英."一带一路"背景下广西对接东盟文化产业合作路径探析 [J]. 广西大学学报（哲学社会科学版），2018，40（1）：113 - 118.

[111] 唐强荣，徐学军. 基于共生理论的生产性服务企业与制造企业合作关系的实证研究 [J]. 工业技术经济，2008，27（12）：81 - 83.

[112] 唐强荣，庄伯超，徐学军. 生产性服务业与制造业共生关系影响因素的实证研究 [J]. 科技进步与对策，2008（5）：83 - 85.

[113] 汪行东，贾荣. 承接地比较优势、竞争优势与产业转移——基于上海企业对外投资数据的实证研究 [J]. 投

资研究，2020，39（1）：39-50.

[114] 汪晓文，李伟华. "一带一路"背景下中国对中亚五国产业转移模式研究［J］. 开发研究，2019（1）：86-91.

[115] 王兵，李雪，吴福象. "一带一路"倡议下的国际产能合作与世界经贸格局重塑［J］. 海南大学学报（人文社会科学版），2021，39（2）：96-106.

[116] 王飞. "一带一路"背景下的中拉产能合作：理论基础与潜力分析［J］. 太平洋学报，2020，28（2）：66-78.

[117] 王桂军，卢潇潇. "一带一路"倡议与中国企业升级［J］. 中国工业经济，2019（3）：43-61.

[118] 王剑华，马军伟，洪群联. 促进战略性新兴产业与金融业共生发展［J］. 宏观经济管理，2017（4）：24-28.

[119] 王金波. 金融发展、技术创新与地区经济增长——基于中国省际面板数据的实证研究［J］. 金融与经济，2018（1）：57-64.

[120] 王金波. 双边政治关系、东道国制度质量与中国对外直接投资的区位选择：基于2005~2017年中国企业对外直接投资的定量研究［J］. 当代亚太，2019（3）：4-28.

[121] 王开科，李采霞. "一带一路"沿线经济体承接中国产业转移能力评价［J］. 经济地理，2021，41（3）：28-38.

[122] 王美霞，周国华，王永明. 多维视角下长株潭工程机械产业集群成长机制［J］. 经济地理，2020，40（7）：

104 - 114.

[123] 王美霞. 长株潭工程机械产业集群演化过程及形成机制 [D]. 长沙：湖南师范大学，2020.

[124] 王敏，柴青山，王勇等."一带一路"战略实施与国际金融支持战略构想 [J]. 国际贸易，2015 (4)：35 - 44.

[125] 王如忠，郭澄澄. 基于共生理论的我国产业协同发展研究——以上海二、三产业协同发展为例 [J]. 产业经济评论，2017 (5)：44 - 54.

[126] 王先庆. 跨世纪整合：粤港产业升级与产业转移 [J]. 商学论坛，1997 (2)：31 - 36.

[127] 王鑫静，程钰，王建事等. 中国对"一带一路"国家产业转移的区位选择 [J]. 经济地理，2019 (8)：95 - 105.

[128] 王亚军."一带一路"国际公共产品的潜在风险及其韧性治理策略 [J]. 管理世界，2018，34 (9)：58 - 66.

[129] 王永中，赵奇锋. 风险偏好、投资动机与中国对外直接投资：基于面板数据的分析 [J]. 金融评论，2016 (4)：1 - 17，124.

[130] 王长建，张虹鸥，汪菲等."一带一路"沿线东南亚国家能源发展的演变趋势及其未来展望 [J]. 科技管理研究，2018，38 (16)：240 - 244.

[131] 王珍珍，鲍星华. 产业共生理论发展现状及应用研究 [J]. 华东经济管理，2012，26 (10)：131 - 136.

［132］魏后凯．产业转移的发展趋势及其对竞争力的影响［J］．福建论坛（经济社会版），2003（4）：11－15．

［133］魏龙，王磊．从嵌入全球价值链到主导区域价值链——"一带一路"战略的经济可行性分析［J］．国际贸易问题，2016（5）：104－115．

［134］文淑惠，胡琼，程先楠．"一带一路"国家金融发展、制度环境与中国 OFDI［J］．华东经济管理，2019（5）：57－67．

［135］吴泓，顾朝林．基于共生理论的区域旅游竞合研究——以淮海经济区为例［J］．经济地理，2004（1）：104－109．

［136］夏立平．论共生系统理论视阈下的"一带一路"建设［J］．同济大学学报（社会科学版），2015，26（2）：30－40．

［137］夏禹龙，刘吉，冯之浚等．梯度理论和区域经济［J］．科学学与科学技术管理，1983（2）：5－6．

［138］向勇，李尽沙．融合与共生："一带一路"文化产业合作发展指数研究［J］．深圳大学学报（人文社会科学版），2020，37（4）：56－65．

［139］小岛清著．周宝廉译．对外贸易论［M］．天津：南开大学出版社，1987．

［140］谢朝武，张俊，陈岩英．中国出境旅游安全风险

的区域分布研究 [J]. 中国安全科学学报, 2018, 28 (1): 155 - 160.

[141] 徐俊, 李金叶. 我国与"一带一路"国家贸易效率及其门槛效应——基于随机前沿模型和面板门槛模型 [J]. 中国流通经济, 2019, 33 (5): 22 - 29.

[142] 徐梁. "一带一路"背景下动态比较优势增进研究 [D]. 杭州: 浙江大学, 2016.

[143] 许勤华, 袁淼. "一带一路"建设与中国能源国际合作 [J]. 现代国际关系, 2019 (4): 8 - 14.

[144] 闫红瑛. "一带一路"战略背景下中国西藏与南亚相邻国家旅游合作与发展问题探析 [J]. 西藏民族大学学报 (哲学社会科学版), 2017, 38 (3): 125 - 130.

[145] 杨丽华, 薛莹, 董晨晨. "一带一路"背景下中国 ODI 的行为特征及环境风险表征 [J]. 长沙理工大学学报 (社会科学版), 2019, 34 (4): 52 - 62.

[146] 杨丽丽, 盛斌, 吕秀梅. OFDI 的母国产业效应: 产业升级抑或产业"空心化"——基于我国制造业行业面板数据的经验研究 [J]. 华东经济管理, 2018, 32 (7): 93 - 101.

[147] 杨玲丽. 共生或竞争: 论社会资本约束下的产业转移——苏州和宿迁两市合作经验的归纳与借鉴 [J]. 现代经济探讨, 2010 (9): 49 - 54.

[148] 杨玲丽.社会嵌入、企业声誉与海外投资经济风险治理——基于中国企业对"一带一路"国家投资的研究 [J].重庆大学学报（社会科学版），2021，27（2）：8-22.

[149] 杨水利，叶妍，吕祥.我国与南亚制造业产能合作共生关系研究 [J].未来与发展，2018，42（5）：35-39.

[150] 杨月元，黄智铭."一带一路"倡议下中越农产品贸易增长的影响因素研究——基于修正的 CMS 模型的分析 [J].世界农业，2019（8）：4-10.

[151] 姚桂梅，许蔓.中非合作与"一带一路"建设战略对接：现状与前景 [J].国际经济合作，2019（3）：4-16.

[152] 姚星，蒲岳，吴钢等.中国在"一带一路"沿线的产业融合程度及地位：行业比较、地区差异及关联因素 [J].经济研究，2019，54（9）：172-186.

[153] 叶琪.我国区域产业转移的模式比较与战略选择 [J].甘肃理论学刊，2014（3）：172-176.

[154] 叶琪.我国区域产业转移的态势与承接的竞争格局 [J].经济地理，2014，34（3）：91-97.

[155] 叶前林，段良令，刘海玉等."一带一路"倡议下中国海外农业投资合作的基础、成效、问题与对策 [J].国际贸易，2021（4）：82-88.

[156] 叶玉瑶，张虹鸥，王洋等.中国外向型经济区制

造业空间重构的理论基础与科学议题 [J]. 世界地理研究, 2021, 30 (2): 331 – 343.

[157] 衣保中, 张洁妍. 东北亚地区"一带一路"合作共生系统研究 [J]. 东北亚论坛, 2015, 24 (3): 65 – 74, 127 – 128.

[158] 易秋平, 刘友金. 基于行为生态学视角的产业集群式转移动因研究——一个理论模型的构建与分析 [J]. 绿色科技, 2011 (9): 147 – 150.

[159] 阴医文, 汪思源, 付甜. "丝绸之路经济带"背景下中国对中亚直接投资: 演进特征、政治风险与对策 [J]. 国际贸易, 2019 (6): 79 – 86.

[160] 殷琪, 薛伟贤. 中国在"一带一路"生产网络中产业转移模式研究 [J]. 经济问题探索, 2017 (3): 123 – 129.

[161] 于海龙, 张振. "一带一路"背景下我国农业对外合作的潜力、风险与对策研究 [J]. 经济问题, 2018 (2): 108 – 112, 122.

[162] 于可慧. 京津冀产业转移效应研究 [D]. 北京: 北京科技大学, 2018.

[163] 余晓钟, 白龙, 罗霞. "一带一路"绿色低碳化能源合作内涵、困境与路径 [J]. 亚太经济, 2021 (3): 17 – 24.

[164] 余晓钟, 罗霞. "一带一路"能源共生合作: 框架

分析与推进路径 [J]. 甘肃社会科学, 2021 (2): 198 - 206.

[165] 袁纯清. 共生理论及其对小型经济的应用研究（上）[J]. 改革, 1998 (2): 100 - 104.

[166] 袁纯清. 共生理论——兼论小型经济 [M]. 北京: 经济科学出版社, 1998.

[167] 袁省之, 唐旭, 王睿智等. 基于演化博弈的上下游企业产业共生形成模式选择 [J]. 科技管理研究, 2020, 40 (2): 141 - 153.

[168] 袁晓慧. "一带一路" 国家农业援助的推进思路 [J]. 国际经济合作, 2019 (2): 118 - 124.

[169] 云倩. "一带一路" 倡议下中国—东盟金融合作的路径探析 [J]. 亚太经济, 2019 (5): 32 - 40, 150.

[170] 张栋, 许燕, 张舒媛. "一带一路" 沿线主要国家投资风险识别与对策研究 [J]. 东北亚论坛, 2019 (3): 68 - 89.

[171] 张海锋, 张卓. 企业可持续发展中的创新力与控制力协调——基于共生理论的视角 [J]. 科技管理研究, 2018, 38 (19): 117 - 122.

[172] 张宏, 潘雨晨, 刘震. 产业共生对中国制造业增加值出口的影响分析——以 "一带一路" 为背景 [J]. 山东大学学报（哲学社会科学版）, 2019 (6): 67 - 76.

[173] 张洪, 梁松. 共生理论视角下国际产能合作的模

式探析与机制构建——以中哈产能合作为例 [J]. 宏观经济研究, 2015 (12): 121-128.

[174] 张洪潮, 李秀林. 煤炭产业集群内互利共生企业间利益均衡研究——基于种群生态学 [J]. 地域研究与开发, 2013, 32 (2): 27-30, 83.

[175] 张怀志, 武友德. 城市共生及协同演化研究——以滇中城市群为例 [J]. 资源开发与市场, 2016, 32 (9): 1078-1082.

[176] 张辉, 闫强明, 唐毓璇. "一带一路"相关国家产业结构高度及合作路径研究 [J]. 学习与探索, 2019 (1): 75-83.

[177] 张辉. 全球价值双环流架构下的"一带一路"战略 [J]. 经济科学, 2015 (3): 5-7.

[178] 张会清, 唐海燕. 中国与"一带一路"沿线地区的贸易联系问题研究——基于贸易强度指数模型的分析 [J]. 国际经贸探索, 2017, 33 (3): 27-40.

[179] 张会清. 中国与"一带一路"沿线地区的贸易潜力研究 [J]. 国际贸易问题, 2017 (7): 85-95.

[180] 张建伟, 苗长虹, 肖文杰. 河南省承接产业转移区域差异及影响因素 [J]. 经济地理, 2018, 38 (3): 106-112.

[181] 张景琦. 中国与"一带一路"国家间产业共生水平及其对贸易潜力的影响研究 [D]. 湘潭: 湖南科技大

学，2022.

[182] 张江驰，谢朝武."一带一路"倡议下中国——东盟旅游产业合作：指向、结构与路径 [J]. 华侨大学学报（哲学社会科学版），2020（2）：25－34.

[183] 张宁宁，张宏."一带一路"东道国制度环境与中国企业对外直接绩效研究 [J]. 商业经济与管理，2020（12）：73－87.

[184] 张倩肖，李佳霖. 新时期优化产业转移演化路径与构建双循环新发展格局——基于共建"一带一路"背景下产业共生视角的分析 [J]. 西北大学学报（哲学社会科学版），2021，51（1）：124－136.

[185] 张少军，刘志彪. 全球价值链模式的产业转移——动力、影响与对中国产业升级和区域协调发展的启示 [J]. 中国工业经济，2009（11）：5－15.

[186] 张旭，伍海华. 论产业结构调整中的金融因素——机制、模式与政策选择 [J]. 当代财经，2002（1）：52－56.

[187] 张友国. 区域间产业转移模式与梯度优势重构——以长江经济带为例 [J]. 中国软科学，2020（3）：87－99.

[188] 张雨，戴翔. 政治风险影响了我国企业"走出去"吗 [J]. 国际经贸探索，2013，29（5）：84－93.

[189] 张志新，黄海蓉，林立. 中国与"一带一路"沿线西亚国家贸易关系及潜力研究 [J]. 华东经济管理，2019，33（12）：13-19.

[190] 赵晨光. "一带一路"建设与中非合作：互构进程、合作路径及关注重点 [J]. 辽宁大学学报（哲学社会科学版），2019，47（5）：145-154.

[191] 赵宏图. 从国际产业转移视角看"一带一路"——"一带一路"倡议的经济性与国际性 [J]. 现代国际关系，2019（3）：38-45，64.

[192] 赵科翔，杨秀云，叶红. 我国"产业空洞化"的特征、机理和化解路径 [J]. 经济经纬，2016，33（6）：90-95.

[193] 赵秋叶，施晓清，石磊. 国内外产业共生网络研究比较述评 [J]. 生态学报，2016，36（22）：7288-7301.

[194] 赵赟. 国际法视域下"一带一路"建设中的法律风险及防范 [J]. 理论学刊，2018（4）：101-107.

[195] 赵志华，贺光明，杨海平. 内蒙古地区金融效率及其对经济增长支持的实证研究 [J]. 金融研究，2005（6）：145-153.

[196] 郑丽，胡龙波. 中国能源产业与金融业共生演化研究 [J]. 西安财经学院学报，2018，31（4）：44-50.

[197] 郑威. 共生理论视阈下区域产业合作发展 [D].

福州：福建师范大学，2013.

[198] 钟飞腾."一带一路"建设中的产业转移：对象国和产业的甄别 [M]. 北京：社会科学文献出版社，2016.

[199] 周碧华，刘涛雄，张赫. 我国区域产业共生演化研究 [J]. 当代经济研究，2011（3）：68 - 72.

[200] 周伟，陈昭，吴先明. 中国在"一带一路"OF-DI 的国家风险研究：基于 39 个沿线东道国的量化评价 [J]. 世界经济研究，2017（8）：15 - 25，135.

[201] 周也，万志芳. 黑龙江省国有林区林业产业链产业共生关系研究 [J]. 林业经济问题，2020，40（2）：216 - 224.

[202] 周盈，王丽娜. 基于共生理论的商贸流通与区域经济协同发展关系研究 [J]. 商业经济研究，2018（24）：128 - 130.

[203] 朱娜娜，赵红岩，谢敏. 基于 Logistic 模型的生态产业链中企业共生合作模型及稳定性研究 [J]. 西南民族大学学报（人文社科版），2017，38（9）：124 - 129.

[204] 左思明，朱明侠."一带一路"国家投资便利化测评与中国对外直接投资 [J]. 财经理论与实践，2019（2）：54 - 60.

[205] Aitken B. J. , Harrison A. E. Do Domestic Firms Benefit from Direct Foreign Investment? Evidence from Venezuela [J]. American Economic Review, 1999, 89 (3): 605 - 618.

[206] Akamatsu K. A Historical Pattern of Economic Growth in Developing Countries [J]. The Developing Economics, 1962 (1): 3 – 25.

[207] Akamatsu K. A Theory of Unbalanced Growth in the World Economy [J]. Weltwirtschaftliches Archiv, 1961, 86 (2): 196 – 217.

[208] Bary A. D. Die Erscheinung der Symbiose [M]. Verlag von Karl J. Trubner, 1879.

[209] Boons F. A. A., Baas L. W. Types of Industrial Ecology:The Problem of Coordination [J]. Cleaner Prod, 1997, 5 (12): 79 – 86.

[210] Brant P. One Belt, One Road? China's Community of Common Destiny [J]. The Interpreter, 2015: 3 – 31.

[211] Caullery M. Parasitism and Symbiosis [J]. The Quarterly Review of Biology, 1954, 170 (29): 91 – 92.

[212] Chertow M. R. Industrial Symbiosis: Literature and Taxonomy [J]. Annual Review of Energy & the Environment, 2000 (25): 313 – 337.

[213] Dicken P. Global Transfer: The Internationalization of Economic Activity [M]. Paul Chapman Publishing, 1992.

[214] Djankov S., Miner S. China's Belt and Road Initiative: Motives, Scope, and Challenges [J]. PIIE Briefings,

2016（11）：54－61.

[215] Dunning J. H. The Eclectic Paradigm of International Production：A Restatement and Some Possible Extensions ［J］. Journal of International Business Studies，1988，19（1）：1－31.

[216] Edison H. J. , Levine R. , Ricci L. , Slok T. International Financial Integration and Economic Growth ［J］. Journal of International Money and Finance，2002，21（6）：749－776.

[217] Ehizuelen M. M. O. , Abdi H. O. Sustaining China-Africa Relations：Slotting Africa into China's One Belt，One Road Initiative Makes Economic Sense ［J］. Asian Journal of Comparative Politics，2018，3（4）：285－310.

[218] Engberg H. Industrial Symbiosis in Denmark ［M］. NewYork：New York University，Stern School of Business Press，1993.

[219] Goldsmith R. W. Financial Structure and Development ［M］. Yale University Press，1969.

[220] Hatef A. , Luqiu L. R. Where Does Afghanistan Fit in China's Grand Project? A Content Analysis of Afghan and Chinese News Coverage of the One Belt，One Road Initiative ［J］. International Communication Gazette，2018，80（6）：

551 - 569.

[221] Heeres R. R. , Vermeulen W. J. , de Walle F. B. Eco-industrial Park Initiatives in the USA and the Netherlands: First Lessons [J]. Journal of Cleaner Production, 2004, 12 (8): 985 - 995.

[222] Hofman B. China's One-Belt One-Road Initiative: What We Know Thus Far [Z]. World Bank Blog, 2015 - 04 - 12.

[223] Kassinis G. I. Industrial Reorganization and Inter-Firm Networking in Search of Environmental Co-Location Economics [D]. Princeton: Princeton University, 1997.

[224] Kennedy S. , Parker D. A. Building China's 'One Belt, One Road' [N]. Center for Strategic and International Studies, 2015 - 04 - 03.

[225] Kojima K. Reorganization of North-South Trade: Japan's Foreign Economic Policy for the 1970's [J]. Hitotsubashi Journal of Economics, 1973, 13 (2): 1 - 28.

[226] McKinnon R. Money and Capital in Economic Development [M]. Brookings Institution, 1973.

[227] Nathan M. Jensen. Democratic Governance and Multinational Corporations: Political Regimes and Inflows of Foreign Direct Investment [J]. International Organization, 2003, 57 (3): 587 - 616.

[228] Noel B. J. Industrial Symbiosis in Kalundborg, Denmark: A Quantitative Assessment of Economic and Environmental Aspects [J]. Journal of Industrial Ecology,2008 (2): 239-255.

[229] Paracer S. , Ahmadjian V. Symbiosis: An Introduction to Biological Associations [J]. Bryologist, 1988, 89 (4): 461-471.

[230] Prebisch R. The Economic Development of Latin America and Its Principal Problems [M]. United Nations Dept of Economic Affairs Publishing, 1950.

[231] Shaw E. S. Financial Deepening in Economic Development [M]. Oxford University Press, 1973.

[232] Swaine D. Chinese Views and Commentary on the One Belt, One Road Initiative [J]. China Leadership Monitor, 2015 (47): 1.

[233] Vandana Chandra, 林毅夫, 王燕. 领头龙现象: 低收入国家赶超式发展的新机遇 [J]. 劳动经济研究, 2013, 1 (1): 3-34.

[234] Verma D. S. , Nadler K. Legume-Rhizobium-Symbiosis: Host's Point of View [M] //Verma DPS, Hohn T. Genes Involved in Microbe-Plant Interactions. Springer Vienna, 1984.

[235] Vernon R. International Investment and International Trade in the Product Cycle [J]. Quarterly Journal of Econom-

ics，1966（2）：190 – 207.

［236］Zaccaro S. J. ，Horn Z. N. J. Leadership Theory and Practice：Fostering an Effective Symbiosis ［J］. The Leadership Quarterly，2003，14（6）：69 – 806.

后　　记

　　作为高校教师，教书育人固然是首要任务，但科学研究也定与其相辅相成。所以不容置否的是，国家基金是高校教师的从业追求和对其学术水平的充分肯定。从博士毕业后的2011年开始，连续至第八年我才成功申报国家社会科学基金一般项目（18BJL114），且它是我参与博士后合作导师刘友金教授主持的国家社会科学基金重大项目（17ZDA046）研究中衍生出来的，真是"且夫水之积也不厚，则其负大舟也无力"，深刻领悟"唯有坚持，方得始终"。在得知项目立项的那一刻，我喜极而泣且暗下决心，务必认真完成。经过三年的不懈努力，研究报告如期定稿提交，并有幸得到评审专家的较高评价。

　　通过项目研究，从理论上，解析了中国与"一带一路"国家间产业共生关系及其对产业转移的影响，构建了国际产业转移的共生理论分析框架，探讨了中国与"一带一路"国家间产业转移的共生机理，对于丰富国际经济合作内涵、拓展国际产业转移理论具有可参考的理论价值；从实践上，以工程机械装备制造业为例剖析中国与"一带一路"国家间产业转移的模式选择与创新，并实证检验影响中国与"一带一路"国家间产业转移共生发展的主要因素且提出相应的政策建议，对于推动共建"一带一路"高质量发展具有可借鉴的应用价值。

依托项目研究，在 SSCI、CSSCI、CSCD 等源刊上发表学术论文 9 篇，其中 SSCI 1 篇、CSSCI 5 篇、CSCD 1 篇、《高等学校文科学术文摘》转载 1 篇；重点培养了 3 名硕士研究生：（1）康佳妮，硕士论文《产业共生关系对产业转移的影响机理及博弈解释——基于中国与"一带一路"国家间的研究》；（2）刘雪婧，硕士论文《东道国金融发展对中国与"一带一路"国家间产业转移的影响研究》；（3）张景琦，硕士论文《中国与"一带一路"国家间产业共生水平及其对贸易潜力的影响》。研究成果中，关于中国与"一带一路"国家间产业转移的共生机理与互惠共生模式的研究，可以为推动共建"一带一路"高质量发展提供理论支持；关于中国与"一带一路"国家间产业转移共生发展的影响因素的研究，可以为防范产业转移过程中的资源错配与经济风险提供决策参考。

本书是在项目研究报告的基础上完善出版的，是项目组的集体研究成果，其成员还有戴魁早、赵立华、胡黎明、周

健、康佳妮、刘雪婧、张景琦、张静静、林宗翼、高晓杰、
冉宇圆、刘文妹等教授及研究生，且我的研究生承担了一定
的研究任务和书稿整理工作，在此表示深深的感谢。同时，
衷心感谢匿名评审专家提出的每一个让本书得以不断完善的
宝贵建议，衷心感谢经济科学出版社张燕编辑、孙晨老师为
本书出版付出的辛勤劳动。

　　本书研究直接引用和参考了国内外很多专家学者的研究
成果和学术观点，尽管在本书出版时力求以脚注和参考文献
的形式一一列出，但恐有疏漏，敬请专家学者谅解。同时，
由于新冠肺炎疫情的暴发与持续，使得"一带一路"国家
实地调研受限，沿线国家一手数据资料获取困难，加之本人
才疏学浅，项目研究与本书内容还存在诸多不足，敬请学术
同仁斧正。

刘莉君